제1차세계대전

THE FIRST WORLD WAR : A Very Short Introduction

First edition was originally published in English in 2002.
Korean translation rights arranged with Oxford University Press
through EYA(Eric Yang Agency).

첫단추 시리즈
006

제1차세계대전

마이클 하워드 지음
최파일 옮김

교유서가

차례

제 1 장

1914년 유럽

1914~18년의 대전쟁은 지구상의 모든 대양에 걸쳐서 벌어졌고 최종적으로는 교전국이 모든 대륙을 아울렀으니 마땅히 "세계대전"으로 불릴 만하다. 그러나 이 전쟁이 최초의 세계대전은 아니었다. 지난 300년 동안 유럽 열강은 지구 곳곳에서 서로 싸워왔다. 전쟁에서 싸웠던 사람들은 이 전쟁을 그냥 '대전쟁(the Great War)'이라고 불렀다. 앞선 모든 세계대전들처럼 이 전쟁도 처음에는 유럽 강대국들이 서로를 두려워하는 마음과 상충하는 야심에서 비롯된, 오직 유럽에 국한된 갈등으로 시작되었다. 전쟁이 그토록 끔찍하게 전개되고 파국적인 결과가 초래된 이유는 전 지구적 규모 탓이 아니라 발전된 군사 기술과 전쟁을 수행한 국민들의 문화가 결합된 탓이

다. 카를 폰 클라우제비츠(Karl von Clausewitz)는 나폴레옹 전쟁의 여파 속에서 전쟁이란 정부 정책과 군부의 행위들, 그리고 '민족들의 열정'으로 이루어진 삼위일체라고 표현한 적이 있다. 1차세계대전이 왜 일어났고 왜 그렇게 진행되었는지를 이해하려면 이 세 가지 요소를 하나씩 따져보아야 한다.

1914년의 유럽 열강

몇몇 사소한 변화를 제외하면 유럽 '열강(Great Powers)'(여전히 그렇게 불리고 있었다)의 모습은 지난 2세기 동안 달라지지 않았지만 세력균형은 급격하게 변화했다. 열강 중에서 가장 강력한 나라는 이제 독일 제국으로, 1866년과 1870년에 오스트리아 제국과 프랑스에 승리한 결과, 프로이센 왕국의 주도로 탄생했다. 프랑스는 이 패배로 인해 2등 국가로 전락했고 이러한 현실에 크게 분개했다. 여러 언어를 사용하는 민족들의 영토로 구성된 오스트리아 제국은 1867년 이래로 오스트리아-헝가리 이중군주국(합스부르크 제국)으로 재편되었고, 독일의 동맹국이라는 종속적 지위를 받아들였다. 헝가리는 준(準)자치 국가였지만, 마치 영국(United Kingdom)이 해외에서는 보통 '잉글랜드'로, 주민들은 '잉글리시'로 통하듯이 이중군주국은 보통 '오스트리아'로, 주민들은 '오스트리아인'으로 불렸다. 이들 대륙 열강 좌우로는 이해관계가 부분적으로만 유럽에 걸쳐 있는 두 제국이 있었다. 하나는 광대한 반(半)아시아적 러시아 제국으로, 남동부 유럽에서 종종 간헐적이지만 주요 행위자로 활동해왔다. 다른 하나는 영국으로, 그들의 주요 관심사는 해외에서 자국의 영토를 확대하고 공고히 하는 동안 대륙에서 세력균형을 유지하는 것이었다. (북아프리카 연안 주변부를 제외하면) 해외 제국의 마지막 잔존 영토를 20세기 초에 미국에 상실한 에스파냐는 3등국으로 전락했다. 에스파냐의 자리는 이탈리아가 차지했는데 사보이 왕가 주도로 1860~71년에 이룩한 이탈리아 통일은 사실 통일 왕국의 외관만 갖춘 꼴이었다. 그러나 이탈리아는 성가신 존재였고 그것만으로도 다른 열강으로부터 경계의 눈초리와 존중을 이끌어낼 수 있었다.

18세기 말까지 이 강대국들은 사회적으로 동질적이었다. 여전히 지주 귀족층이 지배하고, 국교회에 의해 정통성을 확보한 유서 깊은 왕가들이 통치하는 농업 사회였다. 100년이 지나 이 모든 것은 완전히 바뀌거나 급속하고 불안정한 변화의 길을 걸었다. 그러나 변화의 속도는 나라마다 크게 달랐고, 우리는 이제 이를 살펴볼 것이다.

영국

영국은 변화를 이끌어왔다. 20세기 초에 이르러서는 이미 완전히 도시화되고 산업화되었다. 지주 귀족층은 여전히 사회를 지배하고 있었지만, 마지막까지 남아 있던 정치권력은 선거권이 확대되면서 두 거대 정당이 중간계급뿐 아니라 점점 더 노동계급의 표까지 두고 경쟁하는 하원으로 넘어가고 있었다. 자유주의-급진주의 연립 내각이 1906년에 집권하면서 복지국가의 기초를 닦기 시작했지만, 그들도 20세기 초에 영국이 처한 곤경을 무시할 수 없었다. 영국은 여전히 세계에서 가장 부유한 강국이자 역사상 최대의 제국이었으나 영국 역사상 어느 때보다도 취약했다. 이 제국의 중추에는 경제적 부뿐만 아니라, 많은 도시들을 먹여 살리기 위해 경제적 부보다 더 중요한 식량 수입을 해외무역에 의존하는, 인구가 밀집한 섬나라가 자리잡고 있었다. 영국 해군의 '제해권'은 제국을 하나로 묶고 영국 국민들에게 식량 공급을 보장했다. 제해권의 상실은 새로 들어서는 정부마다 시달리는 악몽이었고 이에 대한 두려움이 영국과 다른 열강의 관계를 좌우했다. 영국은 이상적으로는 유럽의 분쟁에서 거리를 두기를 바랐을 테지만 지난 20년 동안 이웃 나라들이 단독으로나 집단으로 영국의 해상 패권을 위협할 기미가 조금만 보여도 전전긍긍했다. 이는 실로 국가적 관심사였다.

프랑스

1689년부터 1815년까지 한 세기 이상 세계 강국의 지위를 놓고 영국과 겨룬 나라는 프랑스였고, 그 프랑스가 이제 더이상 경쟁자가 아니라는 사실을 영국이 깨닫기까지는 다시 근 100년이 걸렸다. 프랑스는 경제 발전 측면에서 영국에 한참 뒤처져서 영국의 심각한 경쟁 상대가 되지 못했다. 1789년 혁명은 구체제를 떠받치는 세 기둥—왕정, 귀족층, 교회—을 무너트렸고 소농들에게 토지를 분배했는데 이들은 반동이든 후속 혁명이든 토지를 다시 빼앗아갈 기미가 보이는 어떠한 현상 변화에도 반발했다. 그리고 농민들의 생활 패턴은 인구 증가나 경제 발전을 이끌어낼 자본축적을 촉진하지 않았다. 1801년 프랑스 인구는 2,700만 명으로 유럽에서 가장 많았다. 1910년에 프랑스 인구는 3,500만 명에 불과한 반면, 같은 기간에 영국의 인구는 1,100만 명에서 4,000만 명으로 증가했고 새로 통일된 독일의 인구는 6,500만 명을 넘어서 계속 증가하고 있었다. 1870년의 처참한 패배 이후 프랑스 군대는 아프리카 공략에서 출구를 찾았다. 하지만 이는 영국의 제국적 이해관계와 부딪쳐 마찰을 빚었고 동지중해 권역에서 영국과 여전히 경쟁하는 상황이었다. 그러나 프랑스 국민들에게 이런 문제들은 주변적 사안이었다. 그들은 혁명으로 이득을 본 사람들과, 가톨릭교회의 지도 아래 여전히 혁명을 받아들이길 거부하는 사람들로 철저히 분열되어 있었다. 그리고 혁명을 다음 단계로 밀고 가길 바라는 사회주의 운동이 갈수록 힘을 얻어가고 있었다. 프랑스는 여전히 부유하고 문화적으로 우위를 누렸지만 국내 정치는 일촉즉발의 불안정한 상태였다. 대외적으로 1871년 독일의 알자스-로렌 합병은 잊을 수도 용서할 수도 없는 일이었다. 프랑스는 결국 독일에 대한 두려움에서 자국의 유일한 주요 동맹국에 간절히 기대게 되었다. 바로 러시아였다.

러시아

19세기에 영국이 두려워한 대륙의 또다른 경쟁 상대는 거대한 러시아 제국이었다. 남부와 동부로 팽창하는 러시아는 중동을 관통하여 인도로 이어지는 길을 위협했을 뿐 아니라 (영국이 다 죽어가는 오스만 투르크 제국을 떠받쳐준 이유는 러시아의 위협 때문이었다) 인도 국경 지대까지 위협했다. 확실히 러시아의 잠재력은 (지금과 마찬가지로) 어마어마했지만 사회의 후진성과 정부의 비효율성 때문에 (역시 지금과 마찬가지로) 제약을 받았다.

자본주의와 산업화는 러시아에 늦게 찾아왔고 그나마 대체로 외국의 투자와 전문 기술이 결합한 결과였다. 20세기 초에 차르는 1억 6,400만 명의 신민을 다스렸는데 고작 한 세기 전에 농노 상태에서 해방된 소작농이 압도적으로 많았다. 차르는 서유럽은 결코 경험해보지 못한 절대 권력을 여전히 휘둘렀고 이러한 전제정은 한 번도 종교개혁에 맞닥뜨린 적 없는 동방정교회의 지원과 방대하고 무기력한 관료제라는 도구를 통해 굴러갔다. 교육을 받은 엘리트 계층은 유럽을 따라야 할 모범으로 삼고 경제 발전과 책임 정부를 도입하려고 하는 '서구주의자'들과, 이를 타락한 생각으로 여기며 유서 깊은 슬라브 문화를 보존하려고 하는 '슬라브주의자'로 나뉘어 있었다. 그러나 연이은 군사적 패배—1855~56년 프랑스와 영국에 그리고 1904~05년 일본에 당한 패배(각각 크림전쟁과 러일전쟁을 가리킨다—옮긴이)—로 인해 표트르 대제가 얻은 교훈, 즉 대외적 군사력은 국내의 정치 발전과 경제 발전에 의존한다는 사실을 절감했다. 농노제는 크림전쟁 이후 폐지되었고 1905년에 패배와 혁명 일보직전의 사태를 겪은 뒤 얼마간의 대의 기구들이 도입되었다. 1890년대에는 철도 개발로 산업 생산이 엄청나게 증대했고, 일부 경제학자들의 관점에서 볼 때 러시아 사회는 경제적 '이륙' 시점까지 나아갔다. 그러나 정권은 산업 발전이 군사적 효율성에 제아무리 본질적 요소라 한들 정치 개혁 요구만 계속 조장하지 않을까 우려했고 반체제 인사들을 잔혹하게 탄압했다. 그들은 극단적 '테러리즘

(19세기 러시아 혁명가들이 발명한 기법이자 용어이다)'으로 나아갔고 정부는 다시금 더 혹독한 탄압으로 대응했다. 이 때문에 자유주의를 받아들인 서구의 눈에 러시아는 필요하기는 하지만 곤혹스러운 동맹국이 될 수밖에 없었다.

19세기 말에 러시아 정부의 시선은 아시아로의 팽창에 쏠려 있었지만 1904~05년 일본에 패배한 후에는 오스만 투르크 제국이 지배하던 유럽 남동부로 쏠렸다. 원래 그리스와 세르비아, 불가리아의 동방정교 공동체들에 기반을 둔 발칸의 민족 저항 운동은 같은 기독교도로서, 나중에는 같은 슬라브족으로서 러시아인들의 후원을 기대해왔다. 그리스와 세르비아, 불가리아는 19세기를 거치면서 모두 독립국가를 세웠다. 그러나 오스트리아-헝가리 제국에도 슬라브족, 특히 세르비아인과 그들의 사촌 격인 크로아티아인이 다수 있었다. 그리고 신생 슬라브 국가들이 자신들의 정체성을 굳히고 독립을 굳건히 해갈수록, 합스부르크 제국은 제국 내 소수민족들 사이에 커져가는 동요와 이를 조장하는 러시아 때문에 갈수록 근심이 깊어졌다.

오스트리아-헝가리 제국

폴란드인이나 아일랜드인 같은 '억눌린 민족들(submerged

nations)'이 독립을 위해 이미 투쟁하고 있기는 했지만, 서유럽에서—영국, 프랑스, 독일, 이탈리아, 심지어 러시아에서도—민족주의는 응집력으로 작용했다. 그러나 합스부르크 군주국은 전적으로 '억눌린 민족들'로 구성돼 있었다. 18세기에는 지배적인 독일계 엘리트 계층이 있었지만 심지어 이 독일인들에게도 이제는 북쪽에 새로운 독일 제국이라는 인접한 조국이 생겼다. 1867년 합스부르크 제국은 '억눌린 민족들' 가운데 가장 강력한 마자르족에게 헝가리 왕국이라는 준(準)독립국 지위를 부여하여 스스로를 '이중군주국'으로 재편했다. 헝가리 왕국은 독일인이 우세한 지위를 차지한 '오스트리아인들'과 군주(1848년 이래로 줄곧 통치한 프란츠-요제프 황제), 군대, 재정, 외교만을 공유했다. 독일인처럼 (그리고 사실 부다페스트에 국회의사당을 건립할 때 웨스트민스터 국회의사당을 본뜰 만큼 크게 찬탄한 영국인처럼) 마자르족은 스스로를 지배민족이라고 여겼고 헝가리 왕국 내 슬라브 소수민족들—슬로바키아인, 루마니아인, 크로아티아인—을 강압적으로 통치했다. 이중군주국 서쪽에서는 독일계 '오스트리아인'이 북부(체코인), 북동부(폴란드인과 루테니아인), 남부(슬로베니아인과 세르비아인)의 슬라브족뿐만 아니라 신생 이탈리아 왕국이 탐내는 알프스 산맥 남사면의 이탈리아어권(독일어권 남南티롤도 포함)을 다스렸다. 부다페스트의 거친 마자르족 소지주들과 달리 빈의 합리적 관료들은 피지배 소수민족들에게 관용을 베풀려고 노력했고 독일인과 동일한 권리를 부여했다. 그 결과 빈의 정부 기구는 마비되고 황제가 칙령으로 통치할 수밖에 없게 되었다. 합스부르크 제국의 풍성한 문화 융합은 분명히 빈을 지적·예술적으로 활기 넘치는 독특한 도시로 만들었지만 그곳의 지식인들은 우려와 함께 때로는 절망감에 사로잡힌 채 미래를 내다봤다.

독일

마지막으로, 열강 중에서 가장 복잡한 강대국인 문제의 독일 제국이 있었다. 1871년 독일 통일로 유럽에서 가장 역동적인 경제와 여러 측면에서 봉건제에서 거의 벗어나지 못한 체제가 결합된 국가가 탄생했다. 호엔촐레른 왕가는 주로 동부 지방에 뿌리를 둔 '봉직 젠트리(융커)'에서 충원한 관료제와 군대를 통해 프로이센을 다스려왔다. 그들은 19세기 중반 이래로 권력을 잡기를 열망해왔지만 성공을 거두지 못한 제국의회(Reichstag)의 존재 자체를 싫어했다. 신생 통일 제국에서 제국의회는 크게 확대된 독일 인구의 전 범위, 그러니까 동부에서는 광대한 영지를 갖고 있는 농업 보수주의자들을, 북부와 서부에서는 산업가들을, 남부에서는 바이에른 지방의 가

1. 독일 황제 빌헬름 2세. '프로이센 군국주의'의 화신.

톨릭교도 농부들을 대변했다. 그리고 경제가 발전하면서 사회주의 지도자들과 더불어 루르와 라인 강 유역의 산업노동자들도 갈수록 더 많이 대변하게 되었다. 제국의회는 정부 예산안을 표결했지만 내각은 군주인 카이저(독일 제국 황제—옮긴이)에 의해 임명되고 그에게 책임을 졌다. 제국의회와 카이저의 주요 중개자는 제국 재상이었다. 처음으로 재상 직을 맡았던 오토 폰 비스마르크는 제국의회를 마음대로 부리기 위해 카이저에게 얻은 권위를 동원했다. 그의 후임자들은 예산안을 통과시키기 위해 제국의회를 조종하고 제국의회에 황제의 결정 사항을 알리는 전달자에 불과했다. 카이저 본인도 재상들을 가신 취급 했으며, 그나마도 육군참모총장보다 중요도가 떨어지는 가신으로 간주했다.

이런 상황에서 카이저의 개인적 성격은 압도적으로 중요했고, 이 시점에서 호엔촐레른 왕가가 빌헬름 2세라는, 당시 독일 지배 엘리트의 특징을 규정했다 할 수 있는 세 가지 특성을 체현한 인물을 배출했다는 것은 독일뿐 아니라 전 세계의 불운이었다. 세 가지 특성이란 구식 군국주의, 솟구치는 야망, 신경증적 불안감이었다.

군국주의는 군대가 구(舊)프로이센 문화에서 담당한 지배적 역할을 통해 제도화되었다. 오스트리아와 프랑스를 상대로 거둔 승리로 독일 제국이 탄생한 것처럼 군대는 구프로이센을 지배했고 상당 정도 프로이센을 만들어냈다고 할 수 있다. 새로운 독일 제국에서 군대는 구프로이센에서처럼 사회를 지배했고, 이런 상태는 3년간의 보편적인 군복무를 통해 모든 계급에 퍼져 있었다. 부르주아지는 예비군에서 장교로 임관함으로써 제복을 입을 수 있는 소중한 권리를 얻었고 융커 출신 군 엘리트의 관습들을 모방했다. 더 낮은 수준에서는 퇴역 하사관들이 자신들의 지역 공동체를 지배했다. 카이저는 언제나 최고 전쟁 지도자(All Highest War Lord)로서 제복을 갖춰 입은 모습으로 등장했고 수행 군인들에 둘러싸여 있었다. 대외적으로 이러한 군국주의는 끊임없는 행진과 제복, 1870년 승전 기념 행사와 더불어 해롭다기보다는 우스꽝스러운 것으로 비쳤다. 그것이 예의 두번째 특성, 즉 야망과 연결되지 않았다면 실제로 그랬을지도 모른다.

비스마르크 자신은 독일 제국을 탄생시킨 뒤 이를 유지하는 데 만족했지만 다음 세대는 그리 쉽게 만족하지 못했다. 새 세대는 야심을 품을 이유가 충분했다. 독일은 뛰어난 음악과 시(詩), 철학의 유산을 물려받은 인구 6,000만의 나라였고 독일의 과학자와 기술자, 학자(군인이야 말할 것도 없었다)는 전 세계의 부러움을 샀다. 독일의 산업가들은 철강과 석탄 생산에서 이미 영국을 앞질렀으며 과학자들과 손을 잡고 화학과 전기에 기반을 둔 새로운 '산업혁명'을 선도하고 있었다. 독일인들은 동쪽 이웃 나라들의 전제적인 야만주의와 서구의 타락한 민주주의 사이에서 균형을 잡고 있는 자신들만의 우수한 문화에 대한 자부심이 대단했다. 그러나 이 자랑스럽고 성공적인 나라 안에는 번영을 구가할수록 심화되는 깊은 분열이 자리잡고 있었다. 산업의 성장은 노동계급의 규모와 영향력을 증대시켰다. 그들의 지도자들은 더는 혁명가가 아니었지만 민주주의의 확대와 사회적 특권의 폐지를 점점 더 거세게 요구했고 1914년에 이르러 독일 사민당은 제국의회에서 다수당이 되었다.

자산계급은 그들 나름대로 반목하고 있었는데 주로 동부의 지주층과 서부의 산업가 계층이 갈등을 빚었다. 하지만 그들도 사회주의 혁명의 위협에 대해서는 한목소리를 냈다. 20세기 초부터 그들은 '국가의 위대성'을 주장하는 '전진 정책(forward policy)'을 통해 사회주의 혁명의 위협에 맞섰다. 카이저를 우두머리로 삼은 독일 우파 정치지도자들은 독일에 단순한 강대국의 지위만이 아니라 벨트마흐트(Weltmacht), 즉 세계 강국의 지위를 요구하기 시작했다. 이 부문에서 유일한 경쟁자는 영(英)제국이었다. 그러나 영국과 경쟁하려면 대규모 육군 말고도 대함대가 필요했는데, 함대 창설에 필요한 자금을 조성하려면 대규모 선전 활동이 필수였다. 이러한 선전은, 의당 자신들의 몫이라고 여긴 지위를 얻고자 한다면 영국을 독일이 반드시 극복해야 할 맞수로 묘사해야만 효과를 볼 수 있었다.

동맹 경쟁

독일은 자국이 적으로 둘러싸여 있다고 이미 생각하고 있었다. 1871년 독일 제국을 탄생시켰을 때 비스마르크는 이웃 나라들이 이제 자연스레 독일에 맞선 연합을 형성하리라 보았고 그런 사태를 미연에 방지하려고 신경을 썼다. 그는 알자스-로렌 지방 할양을 강요받았던 프랑스와는 바로 그 이유로 절대 화해할 수 없다고 보았다. 따라서 영국과 갈등을 빚을, 해외 식민지에 대한 야심을 부추겨 프랑스를 무력화하고 유럽의 다른 강대국들을 자국 동맹 체계로 엮음으로써 프랑스가 우방을 구할 수 없게 하려고 했다. 이중군주국은 아무런 어려움도 제기하지 않았다. 국내 문제들로 시달리는 오스트리아는 1879년에 독일과 기꺼이 이국동맹(Dual Alliance)을 체결했다. 오스트리아의 자연스러운 적은 새로 수립된 이탈리아로, 이 신생 왕국은 여전히 오스트리아 수중에 있는 알프스 산맥 남사면과 아드리아 해 맨 위쪽에 있는 이탈리아어권을 호시탐탐 노렸다. 그러나 비스마르크는 프랑스에 맞서, 프랑스의 지중해 영토에 대한 이탈리아의 영유권 주장을 지지함으로써 오스트리아와 이탈리아를 삼국동맹(Triple Alliance)으로 엮었다.

여기에 두 강대국, 러시아와 영국이 양열에 남아 있었다. 러시아는 기회만 찾아온다면 프랑스에 든든한 맹방이 될 수 있었기에, 비스마르크는 프랑스에 그러한 기회를 주지 않기로 결심했다. 그는 러시아와의 우의를 다지는 데 신경을 썼고, 1881년에 체결해 6년 뒤 '재보장 조약(Reinsurance Treaty)'으로 갱신한 동맹을 통해 자신의 '체제'에 러시아도 편입시켰다. 영국의 경우, 프랑스와 러시아는 자국의 자연스러운 적이기 때문에 강력한 중유럽 세력으로 두 나라를 억지하는 것은 자국 정치가들의 구미에도 맞았다. 비스마르크가 두려워할 만한 이유가 충분한 한 가지 시나리오는 자신이 그토록 아슬아슬하게 확립한 세력균형을 무너트릴지도 모를 러시아와 오스트리아의 발칸 전쟁이었다. 1878년 베를린 회의에서 그는 발칸 반도를 러시아와 오스트리아의 세력권으로 분할하고, 오스만투르크 영토 가운데 맨 북쪽에 있고 정치적으로 불안정한 보스니아-헤르체고비나를 오스트리아에 '보호령(Protectorate)'으로 넘겨주는 것을 골자로 하는 협의를 중재했다. 이 협정은 19세기 말까지 지속되는 불안한 평화를 낳았지만 비스마르크의 '체제'는 그보다 훨씬 전에 와해되기 시작했다.

비스마르크의 후임자들은 여러 복잡한 이유 때문에 러시아와의 재보장 조약을 갱신하지 못했고 따라서 러시아가 프랑스의 동맹국이 될 수 있는 가능성도 열렸다. 끔찍한 실수였다. 러시아에 이 신생 강국 독일은 동맹국이 아니라면 곧 위협, 그것도 프랑스와의 군사 동맹으로만 상쇄될 수 있는 위협이었다. 어쨌거나 프랑스는 러시아의 경제 근대화에 필요한 풍부한 자본 투자의 원천이었다. 그리하여 1891년 두 강대국은 삼국동맹에 맞서 조약을 체결해 이국 협상(Duel Entente) 체제를 수립했고, 두 적대 집단은 각자 군사력을 증강하기 위해 경쟁하기 시작했다.

처음에 영국은 자국의 전통적인 두 적대국이 체결한 이 동맹에 경각심을 느꼈고 정상적인 국제 관계의 동학을 따르자면 여기에 맞서 독일과 동맹을 맺어야 했을 것이다. 그러나 그런 일이 일어나지 않은 것은 대륙의 동맹 관계에 엮이길 꺼리는 전통적인 영국의 태도 탓이었고 또 한편으로는 기가 막힐 만큼 서투른 독일 외교 탓이었다. 하지만 이 두 가지보다 더 중요한 요인은 우리가 앞서 보았듯이 영국의 제해권에 도전할 수 있는 해군을 창설하겠다는 독일의 결심이었다.

이미 세계에서 가장 강력한 육군을 보유하고 있음을 감안할 때 처음에는—적어도 영국 국민들에게는—대체 어째서 독일에 대양을 오가는 해군이 필요한지 이해가 되지 않았다. 여태까지는 산업 부문의 경쟁에도 불구하고 독일과 영국의 관계는 우호적이었다. 그러나 이제 전함에서 양적·질적 우위를 추구하는 '해군 경쟁'이 시작되었고 이는 영국의 여론을 바꿔놓게 된다. 1914년에 이르자 영국은 해군 경쟁에서 독일을 한참 앞서 나갔는데, 다른 이유는 제쳐두고라도 영국은 전함 건조에 더 많은 자원을 투입할 각오가 되어 있었고 독일과 달리 육군에서까지 군비 경쟁의 부담을 질 필요가 없었기 때문이다. 그러나 영국은 독일이 이미 건설한 함대보다는 앞으로 건설할 수도 있는, 특히나 독일이 또 한번 전쟁에 승리하여 유럽 대륙에서 패권을 거머쥔다면 건설할 수도 있는 함대를 줄곧 우려했다.

그러므로 영국은 자국의 전통적인 맞수들과 관계를 개선했다. 1904년 영국은 아프리카에서 프랑스와의 이견을 해소하며 이른바 '화친 협상(l'entente cordiale, 영불 협상)'을 성사시켰다. 그러나 인도 국경 지대를 향해 남쪽으로 팽창하여 빅토리아 시대 정치가들에게 지속적인 악몽을 제공했고, 1902년에 급부상하는 강국 일본을 상대로 거의 한 세기 만에 공식 동맹을 체결하게 만든 러시아 제국이 아직 남아 있었다. 3년 뒤 러시아는 러일전쟁에서 패배하며 혁명 직전까지 내몰렸고, 따라서 1907년에 페르시아와 아프가니스탄 국경 지대의 분쟁 지역을 둘러싸고 영국과 기꺼이 협정을 체결하여 '삼국협상(Triple Entente)' 체제를 수립했다. 유럽 너머에서 영국은 미국과 우호 관계를 유지하는 데 신경썼다. 해군 팽창에 대한 미국의 욕구는 1899년 에스파냐를 상대로 한 승리와 태평양에서 이루어진 과거 에스파냐 영토의 병합으로 자극을 받았지만, 영국의 정치가들은 미국의 막대한 자원을 감안하면 무슨 수를 써서라도 미국과의 대결은 피해야 한다는 사실을 깨달았다. 그러므로 영미 간의 전통적인 경쟁 관계는 영국 해군이 서반구에서 사실상 주둔을 포기한 조치와 '앵글로색슨' 혈족 관계, 그리고 상호 공유하는 정치적 가치들에 기반을 둔 양국 엘리트 계층 간의 화합으로 완화되었다.

영국은 대일 동맹을 제외하면 아무런 공식 동맹도 체결하지 않았지만 독일은 영국이 자국을 포위하고 속박하는 그물을 짜고 있다고 불평했고 양국의 관계는 꾸준히 나빠졌다. 1911년 독일이 아가디르 앞바다에서 해군력 시위를 통해 모로코의 프랑스 세력에 도전하고 프랑스에 굴욕을 안기려고 했을 때, 영국은 프랑스에 대한 지지를 공공연하게 표명했다. 영국과 독일의 많은 이들이 상대방을 자연스러운 적으로 간주하기 시작했고 이제 전쟁이 불가피하다고 여겼다.

그러나 3년 뒤에 실제로 일어난 전쟁은, 비스마르크가 음울하게 예견한 대로 유럽의 다른 쪽 끝, 발칸 반도에서 일어났다.

발칸 위기

관계를 진정시키는 비스마르크의 손길이 사라지자 오스트리아-헝가리 제국과 러시아의 관계는 영국과 독일의 관계만큼이나 악화되었다. 오스트리아인들이 가장 두려워한 발칸 국가는 세르비아였고 특히 보스니아-헤르체고비나 보호령에서 다수의 세르비아인이 오스트리아의 지배를 받게 되자 두려움은 더욱 커졌다. 1903년 베오그라드에서 쿠데타가 일어나 이중군주국을 향해 유화 노선을 추구하던 오브레노비치 왕가를 전복하고 외세의 지배를 받는 세르비아인(특히 보스니아에 거주하는 세르비아인)을 해방시켜 세르비아 팽창에 헌신하려는 정권이 들어섰다. 5년 뒤 오스트리아는 보스니아-헤르체고비나를 용이하게 지배하려고 제국에 공식 합병했다. 그러자 세르비아 정부는 세르비아 군부 내 요인들이 훈련시키고 지원한 비밀 테러리스트 단체 '흑수단(The Black Hand)'을 동원해 보스니아계 세르비아인들을 위한 공공연한 '해방 운동'을 전개했다. 동시에 러시아의 부추김을 받아 발칸 반도에서 궁극적으로 오스만 투르크 세력을 몰아내고자 그리스, 불가리아, 몬테네그로와 함께 '발칸 동맹(Balkan League)'을 형성하는 데 앞장섰다. 기회는 1912년에 찾아왔다. 당시 오스만 투르크는 로마 제국의 영광을 회복하려는 거창한 (그리고 한 세대 뒤 무솔리니의 야심을 예견하는) 야망에 사로잡힌 이탈리아의 공격에 맞서 리비아를 방어하느라 여념이 없었다. 그 해에 벌어진 제1차 발칸 전쟁에서 발칸 동맹은 아드리아노플(현재 터키의 에디르네—옮긴이) 주변 교두보를 제외하고 반도 전역에서 오스만 투르크 세력을 몰아냈다. 이듬해 벌어진 제2차 발칸 전쟁은 전리품 분할을 둘러싼 승전국들 간의 싸움이었다.

두 차례 발칸 전쟁의 결과로 세르비아의 영토와 인구는 2배가 되었고 야심도 크게 고무되었다. 그러나 빈에는 두려움과 좌절감이 팽배했다. 그것은 거침없는 세르비아의 약진이 이중군주국 양쪽에 자리잡은 슬라브족 반체제주의자들을 고무하고 있다는 두려움, 그리고 뻔히 알고도 아무것도 할 수 없다는 좌절감이었다. 그러다 1914년 6월 28일 합스부르크 왕가의 후계자 프란츠 페르디난트 대공(Archduke Franz Ferdinand)이 보스니아-헤르체고비나의 수도 사라예보에서 세르비아가 후원하는 흑수단이 훈련, 무장시킨 십대 테러리스트 가브릴로 프린치프(Gavrilo Princip)에게 암살당했다.

제 2 장

전쟁 발발

1914년 위기

처음에 페르디난트 대공의 암살로 촉발된 위기는 1908년 이래로 발칸 반도에서 발생하여 열강의 개입으로 평화롭게 해소된 이전의 대여섯 차례 위기들과 별반 다를 바 없어 보였다. 그러나 오스트리아는 이제 세르비아를 확실히 제압하기로 결심했다. 그들은 수용된다면 세르비아를 사실상 이중군주국의 종속국으로 만드는 내용의 최후통첩을 보냈다. 러시아는 이를 용납할 수 없었고 오스트리아도 이를 알고 있었다. 그래서 세르비아에 최후통첩을 보내기 전에 오스트리아는 베를린으로부터 전쟁이 발발할 경우 독일의 지원을 약속하는 소위 '백지수표'를 받아냈다. 독일 정부는 백지수표가 유럽 전쟁의 위험을 무릅쓰는 행위라는 사실을 알고 있었지만 이제 베를린에서는 이를 거의 불가피한 전쟁으로 받아들이고 있었다. 독일 군부 지도자들은 러시아가 아직은 1905년의 패배에서 완전히 회복되지 못했기 때문에 차라리 일찌감치 전쟁을 치르는 편이 낫다고 계산했다. 3년 뒤면 프랑스가 자금을 댄 대규모 철도 부설 사업과 동원 계획이 완료되어 러시아가 완전히 새로운 군사 강국으로 거듭날 수도 있었다. 프랑스도 아가디르 위기 이후로 호전적 민족주의가 득세하고 있었고 군사적·심리적으로 전쟁을 각오하고 있었다. 러시아에서는 범슬라브주의 여론이 전쟁을 강하게 압박했다. 그러나 정부는 군대만이 아니라 1905년에 이미 흔들린 체제 전반의 약점을 잘 알고 있었고 1905년 혁명의 여파가 아직 잦아들지 않은 상태였다. 영국의 경우, 발칸 반도와 관련된 이해관계는 미미한 반면 국내 문제는 감당하기 힘들 정도였다. 하지만 유럽 전쟁이 일어난다면 영국이 팔짱을 끼고 프랑스가 독일에 패하는 꼴을 방관하지는 않을 것 같았다. 독일의 많은 선전가들은 오랫동안 영국을 주적으로 지목해왔고, 유럽 전쟁에서의 승리는 단순한 강국이 아니라 세계 강국의 지위를 확립하는 전초전일 뿐이었다.

1914년 7월, 유럽은 벼랑 끝에 몰리기 일보 직전이었다. 유럽이 어째서 벼랑으로 발을 내디뎠는지를 이해하기 위해서는 이제 클라우제비츠의 삼위일체 가운데 다른 두 요소를 살펴보아야 한다. 바로 군부의 행위들과 민족들의 열정이다.

1914년의 군사적 상황

1866~70년에 독일이 거둔 일련의 승리는 유럽의 정치사와 더불어 군사사에도 새 장을 열었다. 독일의 승전 요인은 일반적으로 두 가지가 꼽혔는데, 하나는 전략적 요인, 다른 하나는 전술적 요인이었다. 전략적 요인은 독일이 상대보다 전장에 훨씬 더 많은 병력을 배치할 수 있는 능력이었다. 이 역시 두 가지 요인 때문에 가능했다. 첫째는 철도와 전신의 발달이다. 철도와 전신 덕분에 유례없이 많은 병력을 전장에 신속히 배치할 수 있었다. 둘째는 평시 국민개병제의 도입으로, 이로써 다수의 병사를 확보할 수 있을 뿐 아니라 충분히 훈련을 시켜서 유사시 신속히 동원할 수 있었다. 그러한 군대는—1871년에 독일군 병력은 이미 100만 명을 넘었다—전례 없는 고도의 조직화를 요구했다. 이는 참모부의 임무였고 참모부의 수장은 전군의 실질적 총사령관이 되었다. 대규모 군대는 중간 계급과 하급 장교들에게 새로운 책임을 부여하는 지휘권의 단계적 위임도 요구했다. 전투는 더이상 단 한 명의 사령관 휘하에서 치러지고 결정될 수 없었다. 전장은 러일전쟁에서처럼 수십 킬로미터 넘게 펼쳐질 수도 있었다. 일단 전장에 병

력을 배치하고 나면 총사령관은 전선에서 수킬로미터 떨어진 사령부에 앉아서 최상의 결과가 나오길 기도하는 수밖에 없었다.

이같은 전선의 확대는 두번째 요인, 즉 사정거리가 긴 무기의 발달로 더욱더 촉진되었다. 보병의 경우 후장 선조식 화기(총구가 아닌 총신에서 장전하고 총열 안에는 나선형 홈을 판 화기를 말한다. 탄환이 회전하면서 속도와 명중률이 증가하는데, 라이플총이 대표적이다—옮긴이)의 도입으로 사정거리와 정확도가 크게 증가하여, 보병과 나란히 발전한 포병이 화력을 지원하지 않는다면 정면 공격은 불가능할 정도였다. 1870년 이후로 화기의 사정거리는 엄청나게 증가해왔다. 1900년이 되자 유럽의 모든 군대의 화기 사정거리가 900미터에 달했으며, 400~500미터 내에서 치명적인 명중률을 자랑하는 라이플로 무장한 보병 부대를 보유하게 되었다. 야포는 이제 사정거리가 8킬로미터에 달했고 분당 20발까지 발사할 수 있었다. 지금까지는 포위전에서만 사용된 중포는 철도와 도로 덕분에 이동이 가능해졌고 40킬로미터 거리의 목표물을 겨눌 수 있었다. 따라서 병사들은 적진을 공격하는 것은 고사하고 적의 모습을 구경도 못한 상황에서 포화를 뒤집어쓰게 된다.

1899년에 출판된 작전 분석에 관한 선구적 저작 『미래의 전쟁La guerre future』에서 폴란드인 저자 이반 블로흐(Ivan

Bloch)는 이러한 무기들로 싸우는 미래의 전쟁에서 공세에 나서기는 불가능할 거라고 내다봤다. 전투는 조기에 피투성이 교착상태로 빠져들 것이다. 전장에서 대규모 군대를 유지하는 비용은 엄두를 못 낼 정도가 될 것이다. 교전국들의 경제는 과도한 압박을 받을 테고 민간인은 엄청난 고통을 겪어 유럽 전역의 자산계급이 두려워하기 시작한 혁명으로 이어질 것이다. 그가 1차세계대전의 진행 과정과 결과를 너무나 정확하게 내다봤기 때문에 이후의 역사가들은 당시에 왜 더 많은 이들이 그의 예측에 주의를 기울이지 않았는지 궁금해했다. 그러나 그 책이 출판된 지 몇 년 만에 일어난 두 차례 전쟁은 비록 신무기가 끔찍한 인명 손실을 초래하긴 해도 여전히 결정적 전투가 가능할 뿐 아니라 승리할 수도 있음을 보여주었다. 1899~1902년에 영국은 남아프리카의 전쟁에서 보어인 라이플 소총수들의 실력과 용기에도 불구하고 결국 승리해 그 지역을 평정했다. 승리의 주된 요인은 뜻밖에도 군사 개혁가들이 오랫동안 소멸을 예견해온 기병의 활용이었다. 그보다 더 중요한 사례는 1904~05년 양측이 최신 현대 무기로 싸운 러일전쟁이다. 일본군은 정교한 보병·포병 전술과 병사들의 사생결단식 용기의 결합으로 연전연승하며 러시아가 강화를 요청할 수밖에 없게 만들었다. 유럽의 군대들이 얻은 교훈은 최신식 무기로 무장하고 죽기를 각오한 병사들로 이루어진 군대로 여전히 승리를 거둘 수 있다는 것이었다. 그러나 더 큰 교훈은 승리를 조기에 얻어내야 한다는 사실이었다.

1년이 조금 넘은 전쟁으로 러시아에서는 혁명이 일어났고 일본 경제는 붕괴 직전으로 내몰렸다. 독일 참모총장 알프레트 폰 슐리펜(Alfred von Schlieffen)의 표현대로 '수백 만 병사들과 수백 만 마르크가 들어가는 군대들'이 싸우는 전쟁은 어느 나라도 오랫동안 지속할 수 없다는 블로흐의 예측은 마음 깊이 새겨졌다. 유럽 열강은 모두 단기전을 치를 각오가 되어 있었다. 장기전은 현실적으로 생각할 수 없었기 때문이다. 그리고 전쟁을 일찍 끝내는 유일한 길은 공세를 취하는 것이었다.

'군비 경쟁'

20세기 첫 10년 동안 유럽 열강은 다소 부정확하게 '군비 경쟁'이라 불리게 되는 군대의 현대화 경쟁에 빠져 있었다. 러일전쟁의 교훈은 치밀한 연구 대상으로, 특히 포격으로부터 보병을 보호하는 참호 구축의 중요성과 이동식 중포의 막강한 이점을 경쟁자들보다 훨씬 일찍 인식한 독일인들에 의해 철저히 연구되었다. 기관총 또한 가치가 입증되었지만 분당 600발이라는 발사 속도는 탄약 보급 문제를 야기하여 기동전에서 운용하기에는 문제가 많았다. 유럽 군대는 모두 기관총을 갖추었지만 기관총은 1915~17년 서부전선의 방어전에서 비로소 진가가 드러나게 된다. 모든 군대는 색깔이 화려한 제복을 폐기하고(식민지 전쟁을 치르며 흙먼지와 사막의 모래 속에서 싸우는 일에 익숙한 영국군은 이미 오래전에 그렇게 했다) 다양한 색조의 흙색 군복을 입고 싸우게 될 터였다. 그러나 과거의 향수에 사로잡힌 민족주의 정치가들에 의해 진홍색 군복 바지를 유지할 수밖에 없었던 프랑스만은 예외였고 결국 끔찍한 피해를 입었다. 모두가 앞다투어 비행기와 자동차라는 신기술을 도입했으나 1914년에 비행기는 기병대 정찰을 보조하는 수단으로 막 이용되기 시작했고 자동차는 주로 참모 장교들과 고위 지휘관들을 실어나르는 데 이용되었다. 전쟁 내내 철도 종점 너머의 수송은 압도적으로 말이 담당했다. 일단 열차에서 내리면 군대는 여전히 나폴레옹 시대, 사실 율리우스 카이사르 시대의 군대보다 더 빨리 움직일 수 없었다. 마지막으로 무선 통신—그리고 통신 도청—의 중요성이 널리 인식되고 있었고 특히 해전에서 중요했다. 지상전에서는 통신 장비가 너무 무거워서 사령부 이하 단위에서는 작전에서 사용하기가 힘들었고, 이런 기술적 어려움이 전방 전투에서 초래한 결과는 앞으로 살펴볼 것이다.

1914년 유럽의 모든 군대는 군비 측면에서 적어도 어슷비슷했다. 독일군은 이동식 중포의 운용에서만 적들을 깜짝 놀라게 할 수 있었다. 군사 계획가들을 잠 못 이루게 한 요인은 적군의 장비가 아니라 규모였다. 군대의 규모는 궁극적으로 인구 규모에 의해 결정되었지만 징병의 범위와 복무 기간을 제한하는 사회적 제약이나 재정적 압박에도 영향을 받았다. 관련 주요국 가운데 신생 통일 제국 독일의 인구는 6,700만 명으로, 앞서 본 대로 3,600만 명의 프랑스 인구를 능가했지만 러시아 제국의 1억 6,400만 명에는 못 미쳤다. 프랑스에서는 군국주의에 대한 대중의 불신으로 병역 기간이 2년으로 제한되어 있었지만 가용한 남성 인력의 80퍼센트 이상이 소집되었다. 독일에서는 복무 기간이 3년이었지만 예산상의 고려와 갈수록 좌파가 세를 얻어가는 제국의회의 반발로 징집 인원이 제약을 받았다. 게다가 군대 내부에서도 정치적으로 신뢰할 수 없지만(군 관계자들은 그렇게 봤다) 계속 늘어나고 있는 도시 인구에서 병사를 충원하는 일을 꺼렸다. 따라서 1911년 이전에는 가용한 인력의 54퍼센트 정도만이 소집되어 평시 독일의 전력은 프랑스의 평시 전력 59만 3,000명과 비슷한 61만 2,000명이었다. 러시아의 인구 규모와 그에 따른 군대의 규모(134만 5,000명)는 서면상으로는 무시무시해 보였지만 전력을 배치할 철도의 부족과 1905년의 패배에서 창피할 정도로 드러난 행정 무능으로 인해 실제로는 그만큼 대단하지 않았다. 슐리펜은 러시아의 위협이 아주 하찮게 느껴져서

1905년에 후임자에게 물려준 '계획'에서 러시아의 위협을 사실상 싹 무시했고 독일군의 전 병력을 대프랑스 전선에 집중시켰다.

1905년 러시아의 패배로 독일인들은 안심했을지도 모르지만 프랑스인들은 겁이 났다. 1908년 이후로 그들은 러시아에 기간시설(특히 철도)을 건설하고 1917년에 완료될 예정인 군사 개혁의 '대(大)프로그램'에 따라 러시아 군대를 재무장시키기 위해 돈을 쏟아붓기 시작했다. 이제는 독일인들이 경각심을 느낄 차례였다. 그들은 동맹국으로서 오스트리아-헝가리 제국의 중요성을 더이상 과소평가할 수 없었다. 또한 양국에서는 서구 문명에 대한 슬라브족의 위협에 관한 논란이 분분했다. 독일에서는 군사력 증강에 대한 제약이 사라졌다. 1912년에 독일은 1914년까지 병력을 86만 4,000명으로까지 확대하는 집중 프로그램을 도입했다. 여기에 대응해 프랑스는 복무 기간을 3년으로 늘림으로써 평시 전력이 70만 명에 이르렀다. 양국에서 추가 군비 지출안은 국가의 존립이 걸린 전쟁이 임박했다고 갈수록 확신하게 된 의회에서 서둘러 통과되었다. 1914년에 전쟁이 터졌을 때 독일과 프랑스는 각각 약 400만 명을 동원했고, 독일군 170만 명과 프랑스군 200만 명 정도가 서부전선에서 맞붙었다.

전쟁 결정

지금까지 오스트리아가 1914년 7월에 세르비아에 최후통첩을 보냈을 때의 상황을 살펴보았다. 오스트리아는 필요하다면 군사력을 동원해서라도 세르비아를 확실히 제압해야겠다고 결심했고 그동안 동맹국 독일이 러시아를 저지해주길 바랐다. 독일은 러시아의 개입을 막을 수 있다고 자신했지만 여의치 않으면 군사력의 균형추가 상대 쪽으로 완전히 기울 때까지 전쟁을 늦추기보다는 자국의 전력이 정점에 있을 때 전쟁을 하는 편이 낫다고 여겼다. 그들이 절대 고려하지 않은 한 가지는 오스트리아를 저버리는 것이었다. 이중군주국은 그들에게 유일하게 남아 있는 맹방이었고(이탈리아에 대해서는 동맹국으로 치지 않았는데 매우 올바른 판단이었다), 오스트리아의 굴욕과 해체의 가능성은 독일의 위신과 세력에 치명적일 터였다. 그러나 러시아도 매우 유사한 계산을 하고 있었다. 러시아로서도 세르비아를 저버린다는 것은 슬라브족의 대의 전체를 배신하고 20세기가 시작된 이후 발칸 반도에서 얻은 모든 것을 잃는 셈이었다. 마지막으로 프랑스로서는 러시아가 패배하게 내버려두는 것은 유럽에서 독일의 패권 장악과 자신들이 3등 국가로 전락하는 사태에 싸워보지도 않고 굴복하는 것이었다.

베를린의 입장에서 사태는 명백해 보였다. 오스트리아를

지지함으로써 독일인들은 자신들이 유럽 전쟁의 리스크를 감수하고 있음을 알았지만 승리를 기대했다. 유일한 문제는 그것이 세계대전으로까지 비화할 것인가, 과연 영국도 여기에 참전할 것인가였다.

이것은 심리학자들이 '인지 부조화'라고 부르는 상태에 빠져 있던 베를린의 정책 결정자들이 거의 고려해본 적 없는 가능성이었다. 영국은 만일 독일이 세계 강국으로서 자신들의 정당한 지위를 차지하고자 한다면 반드시 굴복시켜야 할 궁극의 적으로 널리 여겨졌으나 독일의 군사 계획에서 사실상 무시되어왔다. 영국이 프랑스를 돕기 위해 파견할 원정군의 규모는 너무 작아서 걱정할 필요가 없다고 판단한 독일 육군은 영국군 문제를 해군에 떠넘겼다. 그러나 독일 해군은 아무것도 할 수 없었다. 아니 아무것도 할 수 없다고 믿었다. 영국 해군에 도전할 능력을 갖춘 대양 함대(High Seas Fleet)를 건설할 때까지는. 그리고 독일 해군은 아직 영국 해군에 도전할 수 있는 위치가 아니었다. 독일 해군장관이자 제독인 티르피츠 백작(Admiral Graf von Tirpitz)에게 지금의 전쟁 개시 타이밍은 재앙이나 다름없었다. 대륙에 파견된 영국 원정군은 동맹국들의 패배에 휘말릴 수 있었지만 그런 일은 유럽 역사에서 전에도 일어난(그리고 다시금 일어날) 일이었다. 그러나 전쟁은 역시 나폴레옹 전쟁 때처럼 계속 이어질 수도 있었다. 이는 아무도 계획한 바 없고 일반적으로 아무도 이길 수 없다고 여겨진 장기전이었다.

독일 정부는 따라서 영국의 중립을 놓고 도박을 하고 있었고 1914년 7월에 이는 꽤 합리적인 내기처럼 보였다. 1906년 이래로 영국 정부는 국내 산업 부문의 소요와 임박해 보이는 아일랜드 내전 문제에 정신이 팔려 있었다. 1911년 아가디르 위기 이후로 영국군 지도부는 비공식적 만남이긴 하지만 대륙 원정군 파견 가능성과 관련하여 프랑스 쪽 동료들과 세부 사항까지 논의해왔다. 그러나 영국 정부는 이 내막을 대체로 평화주의에 기운 의회에 밝히는 것은 현명하지 않다고 생각했다. 영국 해군은 독일과의 전쟁을 전제로 만반의 준비를 했지만 어떤 식으로든 영국이 반드시 개입해야 할 의무는 없었다. 독일의 공세적 정책에 대한 우려도 널려 퍼져 있었지만 좌파와 진보 진영은 굳건하게 중립을 지지했다. 독일 '군국주의'에 대한 반감은 전제적 러시아 정권에 대한 적대감으로 상쇄되었고 러시아의 유대인 박해와 반정부 인사에 대한 잔혹한 탄압이 진보적 양심에 거슬리기는 매한가지였다. 영국의 제국적 이해관계는 독일보다는 프랑스와 러시아에 의해 더 많이 위협받는다는 견해가 아직 일반적이었다. 독일과의 상업적·재정적 연계는 여전히 긴밀했다. 따라서 여론과 의회가 어느 쪽을 지지할지는 아직 불확실했기에 외무장관 에드워드 그레이 경(Sir Edward Grey)은 만약 이 위기가 전쟁으로 비화한다면 영국이 삼국협상의 관련국들 편에 설 거라는 명백한 언질을 줄 수 없었다. 만약 독일이 벨기에를 침공하지 않았다면 영국이 중립을 유지했을지 또 얼마나 오랫동안 유지했을지는 논쟁거리다. 그러나 어쨌든 독일은 벨기에를 침공했으며 우리는 그 이유를 살펴봐야 한다.

독일 군사 계획가들은 프리드리히 대왕 시대 이래로 한 가지 기본적인 전략 문제에 직면해왔다. 서쪽의 적대적인 프랑스와 동쪽의 적대적인 러시아 사이에 낀(여기에 보통은 적대적인 남쪽의 오스트리아까지 가세했다) 독일이 패배를 피할 수 있는 유일한 희망은 언제나 한쪽이 개입할 위치에 있기 전에 다른 한쪽을 먼저 제압하는 것이었다. 1866년과 1870년에 프로이센이 거둔 승리는 양 전쟁에서 비스마르크가 러시아의 중립을 끌어낸 덕분에 가능했지만 1891년 프랑스-러시아 동맹은 옛 딜레마를 가장 극명한 형태로 다시 불러냈다. 어느 쪽 적을 먼저 쳐야 할까? 슐리펜은 확고하게 프랑스를 선택했다. 광활한 폴란드 평원에서는 결정적 승리가 불가능했지만 만약 프랑스가 패배한다면 러시아는 재빨리 강화를 요청하고 나올 수도 있었다. 그러나 프랑스를 상대로 어떻게 하면 결정적인 승리를 신속히 거둘 수 있을까? 1871년 이래로 프랑스는 독일 쪽 국경선을 따라서 난공불락의 요새를 건설해왔기 때문에 독일이 1870년의 승리를 재연하기는 불가능해 보였다. 유일한 해답은 중립국 벨기에를 관통하는 측면 우회 기동에 있는 듯했다. 예상되는 러시아의 공격을 막아내기 위해 병력을 이동시킬 시간을 확보할 수 있을 만큼 이른 시일 내에 프랑스를 격파할 수 있는 강력한 기동이 필요했다. 슐리펜 본인은 앞서 본 대로 러시아의 위협을 그리 심각하게 여기지 않았지만 1914년에 이르자 위협이 워낙 크게 느껴져, 독일 군사 계획가들은 자신들이 파리에 닿기 전에 러시아 군대가 먼저 베를린에 입성할지도 모르는 상황을 우려했다. 따라서 벨기에를 관통하는 대규모 침공은 독일 전쟁 계획에 필요불가결한 부분이었고 1912~13년의 개혁에 따른 독일군의 증강은 대체로 이를 실현하기 위해 고안되었다.

클라우제비츠는 일찍이 군사작전에는 그 자체의 문법이 있을 수는 있지만 내적 논리는 없다고 쓴 바 있다. 세르비아를 놓고 러시아와 충돌한 오스트리아를 지원하기 위해서 독일이, 분쟁 당사자가 아닌 프랑스를 공격해야 하며, 그것도 1831년에 독일과 영국이 서명한 조약에 의해 중립국 지위가 보장된 벨기에를 침공하는 방식으로 프랑스를 공격해야 한다는 독일군 참모부의 결정에 확실히 논리는 없었다. 독일 재상 테오도어 폰 베트만홀베크(Theodor von Bethmann-Hollweg)가 이러한 결정에 의문을 제기하기보다는 정당한 방어전 수행에 불가피한 국제법 위반으로 정당화했다는 사실은 베를린에서 돌아가고 있는 사태에서 중요한 의미를 띠었다. 그러나 정당하고 방어적인 전쟁으로 보이게 하려면 반드시 러시아가 공격자로 비쳐야 했고 이것이 7월 위기 막판에 독일 정부의 주요 관심사였다.

세르비아는 예상대로 오스트리아의 최후통첩을 거부했고 오스트리아는 7월 28일 선전포고를 했다. 이제 군사적 계산들이 유럽의 모든 수도에서 정책 결정을 좌우했다. 7월 30일 러시아 황제 니콜라이 2세는 극도로 주저하다가 전군에 동원령을 내렸다. 대개 동원령은 필연적으로 아우프마르슈(Aufmarsch), 즉 인접국 침공을 위한 부대 배치로 이어지고 이는 불가피하게 전쟁으로 비화한다고 여겨졌다. 따라서 동원령 선포는 총을 뽑아드는 행동인 셈이었다. 먼저 뽑는 쪽은 어느 쪽이든 전략적으로 굉장히 유리했다. 그러나 만약 러시아가 먼저 동원령을 내리지 않는다면, 러시아의 낙후한 행정과 소집된 예비군이 이동해야 하는 광대한 거리 탓에 더 조밀하고 잘 조직된 독일에 비해 그만큼 매우 불리할 터였다. 사실, 러시아나 러시아의 동맹국 프랑스한테는 동원령이 반드시 전쟁을 의미하지는 않았지만 독일에는 동원령이 자연스럽게 아우프마르슈로 이어졌고 아우프마르슈는 다시 마지막 일분일초까지 촘촘하게 시간표가 짜인 벨기에 침공으로 이어졌다.

2. 벨기에 피난민들. 독일 침공의 첫번째 결과.

러시아의 동원령 선포는 독일에 구실을 주었다. 갑작스러운 공포에 사로잡힌 독일 황제 빌헬름 2세가 막판에 상황을 지연시키려 했지만 소용없었다. 베를린에서 동원령은 8월 1일에 발효되었다. 벨기에 땅을 자유로이 통과할 수 있게 하라는 최후통첩은 다음날 나왔고 그것이 거부되자 8월 3일 독일군은 벨기에 국경선을 넘었다.

영국에서 벨기에 침공은 그때까지 깊이 분열된 여론을 하나로 통일시켰다. 16세기 이래 적대국으로부터 저지대 지방(Low Countries: 오늘날의 벨기에와 네덜란드, 프랑스 북서부를 가리킨다—옮긴이)을 지켜야 한다는 것은 영국 해군 정책의 신조였고, 이러한 믿음은 정파와 상관없이 본능적 믿음에 버금갔다. 영국 정부는 즉시 벨기에의 중립을 존중한다는 확약을 요구하는 최후통첩을 보냈다. 여기에 아무런 회답도 없자 독일을 상대로 8월 4일 선전포고를 했다. 약소국들의 권리에 대한 자유주의자들의 관심과 유럽 열강 사이의 세력균형 유지에 대한 전통적인 보수주의자들의 관심이 한데 모이면서 의회는 거의 만장일치로 정부의 결정을 지지했다. 영제국 전역에 전쟁 상태가 선포되었고 '제1차세계대전'이 시작되었다.

제 3 장

1914년:
개전 국면

전쟁이 일어났다는 소식에 모든 교전국의 주요 도시들은 개전 소식을 반기며 열띤 반응을 보였으나 이런 흥분이 전반적인 여론을 대변하지는 않았다. 프랑스의 분위기는 특히 올 것이 오고야 말았다며 묵묵히 체념하는 분위기, 다시 말해 군대에 소집되어 농토를 여자와 아이들의 손에 맡기고 떠나야 하는 모든 농사꾼들의 심정을 대변할 만한 분위기였다. 그러나 어디서든 국민들은 자국 정부의 결정을 지지했다. 이것은 제후 국가들 간의 "제한전"이 아니었다. 전쟁은 이제 전 국민적 사안이었다. 지난 한 세기 동안 유럽 각국에서는 충성하고 복종하는 시민의 육성을 겨냥한 국가의 교육 프로그램에 의해 민족적 자의식이 주입되었다. 실제로, 사회가 갈수록 세

속화되면서 대문자로 시작하는 "Nation"(민족)이라는 개념은 온갖 휘황찬란한 군사적 위용 및 역사적 유산과 더불어 준(準)종교적인 의미를 획득하게 되었다. 징병제는 이러한 의식화 과정을 도왔지만 거기에 본질적인 요소는 아니다. 1916년까지 징병제가 도입되지 않은 영국의 여론은 대륙 어느 곳 못지않게 굉장히 민족주의적이었다. 다윈 이론에 물든 사상가들에게 전쟁은 말랑말랑한 도시 생활이 더이상 가져다주지 못하는 '남자다움'을 시험하는 무대로 비쳤다. 진보가 자연 세계에서 나타나는 종들 간의 생존경쟁처럼 민족 간 협력보다는 경쟁의 결과인 세계 혹은 그렇다고 모두가 믿었던 세계에서, 그러한 '남자다움'은 민족이 저마다 '생존의 적자가 되고자' 한다면 꼭 필요한 덕목으로 여겨졌다. 자유주의적 평화주의는 서구 민주주의에서 여전히 영향력이 있었지만 특히 독일을 비롯하여 도처에서 도덕적 타락의 징후로 여겨졌다.

그러한 세련된 호전성 때문에, 전통적인 전쟁 지도자 역할을 열광적으로 받아들인 구지배층뿐만 아니라 많은 지식인들이 전쟁을 환영하고 나섰다. 미술가와 음악가, 학자와 작가들은 앞다투어 정부에 자신들의 능력을 바치겠다고 나섰다. 특히 미술가들, 구체적으로 이탈리아의 미래파, 프랑스의 입체파, 영국의 소용돌이파, 독일의 표현주의자들에게 전쟁은, 지난 10년간 자신들이 앞장서왔던 낡아빠진 체제로부터의 해방의 일면으로 보였다. 도시 환경에서 근무하는 직장인들은 전쟁이 잠시나마 지루한 일상에서 벗어날 수 있는 기회가 되기를 고대했다. 서유럽의 민주주의 체제에서 정부의 선전으로 강화된 대중의 여론은 전쟁에 덜 열성적인 소수의 목소리를 휩쓸어버렸다. 더 후진적이고 교육을 덜 받은 동유럽 사회들에서는 전통적인 봉건적 충성심이 종교 집단의 승인에 더욱 힘을 얻어 대중 동원에 효과적으로 작용했다.

덧붙여 모든 정부는 저마다 전쟁을 정당화하는 그럴싸한 구실을 내세울 수 있었다는 사실을 잊지 말아야 한다. 오스트리아인들은 숙적 러시아가 촉발한 해체 공작에 맞서 자신들의 유서 깊은 다민족 제국의 존립을 위해 싸우고 있었다. 러시아인들은 슬라브 동포들을 보호하고, 자신들의 민족적 명예를 수호하기 위해 그리고 맹방인 프랑스에 대한 의무를 다하기 위해 싸우고 있었다. 프랑스인들은 오랜 숙적이 자행한, 전적으로 자신들이 도발하지 않은 공격에 맞서 정당방위 차원에서 싸우고 있었다. 영국인들은 국제법을 옹호하고 나폴레옹 시대 이래 최대의 대륙발 위협을 미연에 방지하기 위해 싸우고 있었다. 독일인들은 단 하나 남은 맹방을 대신하여, 그리고 자신들이 마땅히 세계 강국의 지위에 오르는 것을 막으려는 질투심 많은 서쪽의 적수들, 또 그들과 손잡은 동쪽 슬라브족의 위협을 물리치기 위해 싸우고 있었다. 이상이 각국 정부들이 자국민들에게 내세운 근거들이었다. 그러나 굳이 정부가 나서서 선전으로 국민들을 채찍질할 필요가 없었다. 국민들은 단순한 애국적 의무감에 취해 군에 입대하고 전쟁에 나갔다.

19세기 말에 활동한 독일 군사 저술가 콜마르 폰데어골츠(Colmar von der Goltz)는 미래에 유럽 전쟁이 일어나면 "민족들의 대이동"을 목격할 거라고 경고했다. 그의 경고는 옳았음이 드러났다. 1914년 8월 유럽의 군대는 대략 600만 명의 병력을 동원했다. 독일군은 프랑스와 벨기에를 침공했다. 러시아군은 독일을 침공했다. 오스트리아군은 세르비아와 러시아를 침공했다. 프랑스군은 국경선을 넘어 독일령 알자스-로렌 지방을 공격했다. 영국은 크리스마스 때까지는 베를린에 도달할 것이라 자신하며 프랑스를 돕기 위해 원정군을 파견했다. 삼국동맹 아래서 오로지 방어전일 경우에만 동맹국을 지원할 의무가 있으며, 영국과 적대관계를 유발해서는 안 된다고 생각한 이탈리아만이 신중하게 사태의 추이를 살폈다. 만약 '연합국(the Allies: 일반적으로 알려진 프랑스-러시아-영국 연합)'이 승리한다면 이탈리아는 오스트리아로부터 그동안 영유권을 주장해온 영토를 얻을 수도 있었다. 반대로 '중부 세력(Central Powers: 오스트리아-독일 동맹)'이 승리한다면 프랑스와 영유권을 놓고 다투고 있는 국경 지대인 니스와 사부아-

(이탈리아식 지명은 '사보이'로, 1860년에 프랑스에 병합되어 오늘날에도 프랑스 영토이다—옮긴이)뿐만 아니라 오스만 투르크를 희생시켜가며 이미 획득하기 시작한 자신들의 지중해 제국에 프랑스의 북아프리카 속령을 추가할 수도 있었다. 따라서 이탈리아의 정책은 이탈리아 총리 안토니오 살란드라가 매력적일 만큼 솔직하게 표명한 대로 사크로 에고이스모(sacro egoismo), 즉 신성한 이기주의 원칙을 따랐다.

벨기에 침공

앞서 본 대로 모든 교전국들의 군사 계획은 처참한 재앙으로 빠져들지 않으려면 전쟁이 반드시 단기간에 끝나야 하고 성공적인 공세만이 전쟁을 일찍 끝낼 유일한 길이라는 전제를 깔고 있었다. 이러한 믿음은 베를린에서 가장 강했다. 독일의 총참모부는 충분한 병력을 전개해 동부에서 예상되는 러시아의 공격을 막아내고 물리치기 위해서는 프랑스군을 6주 이내에 격파해야 한다고 계산했다. 그러한 목표는 슐리펜이 구상한, 벨기에를 관통하는 거대한 측면 우회 기동(프랑스 군대를 단순히 무찌르는 게 아니라 포위하고 '슐라흐트 오네 모르겐 Schlacht ohne Morgen', 즉 '내일이 없는 전투'에서 전멸시키는 것)까지 겨냥한 작전으로만 달성할 수 있었다. 슐리펜의 후임자

이자, 1866년과 1870년에 프로이센 군대를 승리로 이끈 위대한 육군 원수 몰트케의 조카인 헬무트 폰 몰트케는 프랑스가 독일 남부를 침공할 가능성에 대비해 이 지역을 더 잘 보호하고, 네덜란드까지 침공할 필요가 없도록 슐리펜의 계획을 일부 수정했다. 만약 전쟁이 길어진다면 네덜란드의 중립은 독일 경제에 필수적인 요건이었다. 전쟁이 끝난 뒤에 몰트케는 슐리펜의 구상을 망쳤다고 비난을 받았지만 훗날의 연구는 슐리펜의 권고 사항들이 병참 측면에서 실현 불가능했음을 보여주었다. 독일의 벨기에 침공은 대체로 예견된 일이었지만—벨기에 국경 지대를 따라 건설된 철도 수송 종점은 독일 쪽 전략을 이미 노출해버렸다—프랑스와 영국의 참모부는 병참과 병력상의 제약으로 독일군의 움직임은 뫼즈 강 우안에 국한되리라 내다봤다. 오로지 1911~12년 독일의 군사 개혁으로 추가 편성된 2개 군단과 예비군 부대를 일선 병력으로 기용하는 비정통적인 전력 운용 방식 덕분에 몰트케는 슐리펜의 구상을 실현하고 연합국의 허를 찌르는 대공세를 감행할 수 있었다.

벨기에는 리에주에 대규모 복합 요새 시설을 건설하여 독일의 공격에 대비해왔다. 이에 맞서 독일은 '비밀 무기'인 이동식 공성포, 특히 오스트리아 스코다 사(社)에서 생산한 중곡사포를 이용했다. 중곡사포에서 발사된 포탄들은 강철과 콘크리트를 뚫고 들어가 수비대를 난타했고 결국 항복을 이끌어냈다. 8월 17일이 되자 길이 열렸고 독일군은 벨기에를 통과해 진군하기 시작했다. 그들 앞에는 침략군에 떠밀린 피난민의 행렬이 봇물을 이뤘고, 챙길 수 있는 소지품은 모두 실은 수레로 길이 막혔다. 20세기 나머지 기간 전쟁의 특징이 될, 삶의 터전에서 쫓겨난 자들의 거대하고 비참한 행렬의 첫 흐름이었다. 집에 남은 사람들은 침략군들에게 가혹한 취급을 받았다. 이는 1870년에 프랑스인들이 침략군에 맞서 시작했던 사보타주와 암살이라는 일종의 '인민 전쟁(people's war)'의 싹을 미리 자르기 위한 처사였다. 독일군은 방해 공작원과 프랑-티뢰르francs-tireurs('자유로운 사수射手'라는 뜻으로, 원래는 프랑스-프로이센 전쟁에서 매복, 철도 파괴, 정찰대 습격 활동 등을 한 비정규군을 가리켰으나 점차 일반적인 비정규군이나 반란군으로 의미가 확대되었다—옮긴이)가 존재하지 않을 때조차도 그런 자들이 있다고 생각하여 5,000명으로 추정되는 벨기에 민간인을 체포해 총살했고 중세에 설립된 루뱅 대학을 비롯한 많은 건물에 마구 불을 질렀다. 독일군의 만행에 대한 터무니없이 과장된 보도가 영국에서 퍼져나가자 대중은 전쟁을 더욱 확고히 지지했고 이 전쟁은 야만적 독일 군국주의에 맞선 십자군 전쟁으로 비치게 되었다. 이러한 시각은 미국의 영향력 있는 계층에도 널리 퍼지게 된다. 침공 자체가 영국의 개입을 촉발하기에 충분하지 않았더라도 독일군이 점령지에 강요한 폭압적인 방식은 영국의 개입을 촉구하는 거부하기 힘든 압력을 낳았을 것이다.

마른 전투

그사이 프랑스군 총사령관 조제프 조프르(Joseph Joffre) 장군은, 처음에는 대체로 여론을 만족시킬 요량으로 알자스-로렌 지방으로, 이어 북쪽으로 독일군의 측면을 노리는 공세에 나섰다. 프랑스군은 어디서나 커다란 인명 손실을 입은 끝에 격퇴됐는데 대체로 진격해오는 독일군과 조우전을 벌인 결과였다. 독일군의 중포는 대체로 프랑스군 경포의 공격을 받기 한참 전에 프랑스군 부대를 무너트렸다. 따라서 독일군의 측면 우회 기동이 효력을 발휘하기 시작했을 때 프랑스군은 이미 퇴각하고 있었다. 알렉산더 폰 클루크(Alexander von Kluck) 휘하 제1군이 배치된 독일군의 우익은 8월 20일 브뤼셀을 통과했고 이틀 뒤 연합군을 공업도시 몽의 좌측에서 발견했다. 육군 원수 존 프렌치 경(Sir John French)이 이끄는 영국 원정군의 2개 군단이 황급히 전선으로 투입되어 가까스로 위치를 잡자마자 독일군의 공격이 시작되었다. 영국군은 우측에 있는 프랑스군과 함께 어쩔 수 없이 후퇴해야만 했다. 연합군이 찌는 듯한 더위 속에 2주 동안 후퇴하다가 9월 초에 슐리펜 계획은 틀어지고 말았다. 연합군이 반격에 나선 것이다. 그리고 독일의 전략 전체가 무너졌다.

사람들은 이른바 마른 전투에 대해 수없이 이야기해왔다. 또 전투에 참가한 이들은 모두 자신의 공로가 가장 크다고 주장해왔다. 마른 전투를 둘러싼 무수한 말 가운데 가장 일리 있는 발언은 훗날 자신은 누가 전투를 승리로 이끌었는지는 모르겠지만 만약 졌더라면 패배가 누구 탓으로 돌려졌을지는 잘 안다고 말한 조프르의 발언일 것이다. 간략히 말해 실상은 이랬다. 클루크는 프랑스군을 포위하고 완전히 섬멸하기 위해 파리 서쪽과 남쪽 방면으로 크게 우회하라는 명령을 받았다. 그러나 8월 30일 그는 이 어마어마하게 야심찬 작전을 실행하는 대신에 우선 좌측에 있는 카를 폰 뷜로브(Karl von Bülow) 장군의 부대와 접촉을 유지해야 한다고 판단했으나 뷜로브의 군대는 프랑스군의 반격으로 진격 속도가 늦춰진 상태였다. 따라서 클루크는 몰트케의 승인을 받아 그의 진격선을 파리 남동부로 돌렸다. 그사이 조프르는 철도망을 이용하여 우익의 병력을 파리 일대로 이동시켰고 이제 프랑스군은 클루크의 노출된 우측을 위협하게 되었다. 9월 4일 조프르는 주력 부대의 후퇴를 중지시키고 클루크의 부대를 향해 이 새로운 군대를 동시다발적으로 투입했다. 클루크가 이에 맞서기 위해 병력을 전개했을 때 그의 좌측과 뷜로브의 우측 사이에 틈새가 벌어졌고 영국군과 프랑스군은 그 틈새로 침투하기 시작했다. 전선에서 240킬로미터 떨어진 룩셈부르크에서 휘하 장군들로부터 단편적인 보고만 받고 있던 몰트케는 불안해졌다. 그는 이미 2개 군단을 전황이 여의치 않아 보이는 동부전선으로 이동시킴으로써 전력을 약화시켰다. 9월 8일 그는 전황을 파악하고 즉각 대처하도록 정보 참모 헨치(Hentsch) 대령에게 전권을 부여해 파견했다. 헨치는 클루크와 뷜로브의 사령부가 혼란에 빠져 있음을 알고, 후퇴를 원하는 그들의 의향을 승인했다. 독일군 전선 전체가 엔 강까지 물러났고 프랑스군과 영국군은 조심스레 독일군의 뒤를 쫓았다. 독일군은 엔 강 전선에 진을 쳤고 약 4년 동안 그 위치를 고수하는 데 성공했다.

제1차 이프르 전투

상황이 좋을 때에도 안절부절못하는 성격인 몰트케는 결국 신경쇠약으로 쓰러졌고 독일군 총사령관은 전쟁성장관 에리히 폰 팔켄하인(Erich von Falkenhayn)으로 교체되었다. 팔켄하인은 겨울이 되기 전에 승리해야 한다는 사실을 누구보다 잘 알고 있었다. 그는 북쪽에서 연합군의 측면을 포위함으로써 슐리펜 계획 가운데 아직 수행 가능한 작전을 펼치기 위해 모든 가용 병력을 서둘러 투입했다. 조프르도 마찬가지로 대응하여, 전선의 북쪽 구역의 지휘를 휘하 사령관 가운데 투지를 가장 잘 북돋는 페르디낭 포슈(Ferdinand Foch) 장군에게 맡겼다. 북서부 해안은 얼마 안 남은 벨기에군이 맡았으며 영국에서 이리저리 긁어모아 파견한 구원군이 비효율적이긴 했으나 용맹하게 이들을 지원했다. 그들은 잠깐 동안 안트베르펜을 방어하며 독일군을 저지하다가 10월 6일 후퇴할 수밖에 없었다. 이제 3개 군단의 전력을 갖춘 영국의 대륙 원정군은 벨기에군의 우측인 이프르 근방에 포진하게 되었고 영국군이 진을 치자마자 10월 30일 독일군의 공격이 시작되었다.

양측 모두 이 전투가 전쟁의 승패를 가를 결정적 전투가 될지도 모른다는 사실을 알고 있었다. 영국군은 전선에 정규군을 사실상 모조리 쏟아부었고 자질이 우수한 이 정규군은 영국군의 보잘것없는 규모를 충분히 상쇄할 만큼 선전했다. 팔켄하인은 새로 편성된 4개 군단을 투입했는데 일부 부대는 대부분 징집 연령 이하의 훈련받지 않은 학도병으로 구성되어 있었다. 그들은 결사적으로 용감하게 공격했지만 랑게마르크 마을 외곽에서 영국군의 라이플과 기관총 앞에 수천 명씩 우수수 스러졌고 이들의 희생은 독일에서 킨더모르트(Kindermord), 즉 '유아 학살'로 알려지게 된다. 결국 영국군은 가까스로 전선을 사수했고, 11월 11일 독일군의 마지막 공격을 물리쳤다.

제1차 이프르 전투로 불리게 된 이 전투는 구영국군의 종식을 알리는 무대였다. 그리고 서부전선 기동전의 종결도 알렸다. 이프르 근방의 질퍽거리는 땅에 급하게 판 참호는 북해부터 스위스 국경까지 뻗은 전선의 일부가 되었고, 우리가 본 대로 이 참호선은 이후 4년이라는 끔찍한 세월 동안 거의 변치 않고 남아 있게 된다.

1914년 동부전선

동부전선에서 상황은 훨씬 더 혼란스러웠다. 정치 논리에 따르면 오스트리아는 전쟁의 원인 제공자인 세르비아에 공격을 집중하고 러시아는 세르비아를 구하기 위해 최대한 신속히 남쪽으로 진군해야 했을 것이다. 그러나 전황은 달리 흘러갔다. 양측 정부는 저마다 상반된 전쟁 목표를 갖고 있었다. 확실히 러시아 정부는 세르비아인들을 도우라는 강한 압박을 받았는데, 주로 범슬라브주의 민족주의자들인 이들의 압박은 지난 50년 동안 발칸 반도에서 러시아의 팽창을 추진한 원동력이었다. 그러나 프랑스의 차관과 투자에 의해 서유럽과의 유대가 강화된 자유주의적 부르주아들은 프랑스를 도와야 한다고 강하게 압박했다. 게다가 궁정 귀족층 가운데에는 무시할 수 없는 친독일 분파도 있었는데 그들의 목소리는 잠깐은 잠잠했지만 전쟁이 계속되면서 갈수록 커지게 된다. 러시아 최고사령부는 정치적·군사적 경쟁 관계로 사분오열되어 있어서 차르는 명목상 총사령관인 삼촌 니콜라이 대공 휘하에 군대를 완전히 두 개로 쪼개서 이 문제를 해소하려고 했다. 이 두 집단군(army group: 여러 야전군field army으로 편성되어 특정 지역에서 자체 작전을 수행할 수 있는 군대—옮긴이)은 개별적으로 전쟁을 치를 터였다. 하나는 독일군에 맞서 폴란드와 동프로이센에서 북서부 전선을, 다른 하나는 오스트리아-헝가리 제국군에 맞서 갈리치아에서 남부 전선을 담당하게 된다.

독일군이 대대적으로 병력을 증강한 1911년 이래로 프랑스 최고사령부는 서부전선에서 독일 병력을 최대한 다른 곳으로 돌릴 수 있도록 동부전선에서 신속하게 공세를 펼쳐달라고 러시아에 줄곧 촉구해왔다. 러시아의 북부 집단군은 이러한 요청에 최선을 다해 부응했다. 8월 15일 서부전선에서 독일군이 여전히 리에주 요새에 발목이 잡혀 있던 때에 레넨캄프(Rennenkampf) 장군 휘하의 러시아 제1군은 동쪽에서 동프로이센으로 밀고 들어왔고, 닷새 뒤 굼비넨에서 독일군에 급격한 전세의 역전을 초래했다. 같은 날 삼소노프(Samsonov) 장군 휘하의 제2군은 남쪽으로부터 진격하여 독일군의 우익을 위협했다. 독일군은 프랑스에 맞서 병력을 집중한 까닭에 동부전선을 방어하는 군(army: 군단corps이 둘 이상 모인 것으로 군대를 구성하는 가장 큰 단위—옮긴이)이 단 하나밖에 없었다. 동부전선 방어군의 지휘관인 막시밀리안 폰 프리트비츠(Maximilian von Prittwitz)는 크게 당황하여 비스와(비스툴라)강을 건너는 총퇴각을 명령했다.

그러나 프로이센 왕국의 유서 깊은 심장부인 동프로이센은 쉽사리 내줄 수 있는 땅이 아니었다. 프리트비츠는 해임되고, 파울 폰 힌덴부르크(Paul von Hindenburg)와 에리히 루덴도르프(Erich Ludendorff)라는 가공할 조합으로 교체되었다. 프로이센인이 갖추어야 할 전통적 자질의 화신인 힌덴부르크는 1866년과 1870년 전쟁에 종군했고 이미 은퇴한 상태였지만 66세의 나이에 다시 현역으로 불려나왔다. 참모장인 루덴도르프는 전전(戰前)에 군대의 확대를 둘러싼 관료들과의 힘겨루기에서뿐만 아니라, 전쟁 초기에 징발한 차를 몰고 외곽 요새들 사이를 통과해 리에주로 들어간 뒤 시 당국에 엄포를 놓아 중앙 요새를 넘겨받은 놀라운 행동으로 무서운 실력을 입증해 보인 중간계급 출신 직업군인이었다. 그들은 본부에 도착하자마자 프리트비츠의 유능한 참모장 막스 호프만(Max Hoffmann) 대령이 이미 세워둔 작전을 채택했다. 그에 따라 기병대로 구성된 얇은 차단막만이 레넨캄프의 진격을 지연시키기 위해 남겨진 한편, 독일군의 주력은 삼소노프의 군대에 집중되었다. 이 기동작전은 암호화되지 않은 무선 신호로 전달된 러시아의 작전계획을 독일측이 사전에 파악하고 있었기에 성공했지만, 그보다는 위치를 고수하라는 명령을 무시하고 대담하게 남쪽으로 진격하여 삼소노프의 퇴각로를 차단한 군단장 헤르만 폰 프랑수아(Hermann von François) 장군의 과감한 행보가 더 크게 공헌했다. 사흘간에 걸친 타넨베르크 전투(8월 27~30일)에서 러시아군 5만 명이 전사하거나 부상을 당하고 9만 명이 포로가 되었다. 이는 역사상 가장 위대한 군사적 승리 가운데 하나로, 이후 여러 참모대학에서 연구해왔지만 전쟁의 결과에 끼친 영향은 무시해도 될 수준이다. 타넨베르크 전투가 낳은 유일한 항구적 결과는 힌덴부르크와 루덴도르프가 독일에서 반신반인의 지위로 격상되었다는 것이다. 그후 마주리아 호수 일대에서 벌어진 전투에서 독일군은 추가로 3만 명의 포로를 사로잡았으나 한편으로는 10만 명의 병력을 잃었다.

더 남쪽에서 오스트리아는 러시아와 마찬가지로 엇갈리는 목표들을 갖고 있었다. 오스트리아군의 참모장 콘라트 폰 회첸도르프(Conrad von Hötzendorf)는 골칫덩이 세르비아를 이참에 확실히 처리하는 편을 더 선호했지만, 러시아의 4개 군이 갈리치아 전선에 집결하고 있는데다 독일군에 대한 압박을 덜 수 있도록 러시아군과 맞붙으라고 재촉하는 전보가 베를린으로부터 하루가 멀다 하고 날아들고 있었다. 회첸도르프는 세르비아와 러시아를 상대로 연이어 최악의 선택을 했다. 그의 세르비아 공격은 성급했다. 세르비아인들은 산전수전 다 겪은 전사들로, 오스트리아군은 3만 명의 병력을 잃고 국경 너머로 밀려났다. 러시아령 폴란드로 침입하는 북쪽 방면 공격은 여러 차례 혼란스러운 조우전으로 이어졌고, 결국 우측에 있는 러시아군의 위협 때문에 회첸도르프는 핵심 요새인 프셰미실(Przemyśl)을 포기하고 병력 35만 명까지 잃은 채 카르파티아 산맥 쪽으로 후퇴할 수밖에 없었다. 독일군은 갈수록 절박해지는 그의 지원 요청에 대응해 폴란드 서쪽 국경을 넘어 바르샤바를 향해 공격을 전개했다. 11월, 영국군이 이프르에서 싸우고 있는 동안 승패가 불명확한 대규모 전투가 우치 주변을 몇 차례 휩쓸었고, 이 싸움에서 양측은 각각 약 10만 명의 병력을 잃었다. 아무도 말릴 수 없는 회첸도르프는 이제 카르파티아 산맥을 넘어 프셰미실의 포위를 풀기 위해 겨울 공세를 감행했다. 이 공세는 휘몰아치는 눈보라 속에서 무너졌고 프셰미실은 이듬해 3월에 항복했다. 그때 합스부르크 제국 군대는 200만 명이 넘는 병력을 잃은 상태였다(이 장과 이하 본문에서 병력 손실이라는 표현은 구체적으로 '전사'라고 명기하지 않는 한 전사자와 포로, 부상자 등을 모두 포함한 전력 손실을 말한다—옮긴이).

1914년이 저물 무렵, 유럽 각국 군대들이 지난 40년 동안 열심히 대비해온 단기전은 끝났다. 그러나 어느 쪽도 승리하지 못했다.

제 4 장

1915년: 전쟁이 계속되다

1914년에 벌어진 전쟁이 18세기식 '제한전'이었다면 각국 정부는 이 시점에서 휴전을 선언하고 협상을 거쳐 그럭저럭 강화를 이끌어냈을지도 모른다. 자기들 마음대로 할 수 있는 상황이었다면 분쟁의 원래 당사자인 러시아와 오스트리아-헝가리 제국은 틀림없이 그렇게 했을 것이다. 그러나 이제 전쟁의 원래 이유들은 다들 잊은 듯했고 저 두 나라가 이 문제를 어떻게 생각하는지는 별로 중요하지 않았다. 이제는 동맹국들이 운전대를 잡았고 그들은 이제 그만 하자고 외칠 생각이 전혀 없었다. 독일군은 연달아 눈부신 성공을 거둔 뒤 적국 영토에 진을 친 채 이듬해가 다 가기 전에 전쟁을 승리로 이끌 거라고 자신했다. 독일 정부는 이른바 '9월 강령'에서, 패배한 적국들에 부과할 심산으로 강화 조건들을 미리 작성해두었다. 그에 따르면 서쪽에서는 벨기에가 독일의 보호국이 된다. 프랑스는 동쪽 국경 지대에서 독일에 다시금 영토를 내놓아야 하고, 멀리 남쪽의 솜 강 어귀까지 북쪽 영토는 비무장지대가 되어야 한다. 동쪽에서는 독일 국경선이 폴란드 안쪽까지 이동하고 발트 해 연안 지역까지 확대될 것이다. 독일이 겪은 '인적·물적' 손실에 상응하는 막대한 배상금이 패배한 연합국에 부과될 것이다. 독일군이 프랑스에서 가장 생산성이 높은, 영토의 5분의 1을 점령하고 있는 한 프랑스에 강화 따위는 있을 수 없었다. 영국의 여론도 독일이 계속 벨기에를 점령하고 그토록 무도하게 행동하는 한 강화는 생각할 수도 없다는 쪽이었고, 전쟁 발발과 동시에 자원입대한 100만 명가량의 남자들은 이제야 싸움을 시작한 상태였다.

어쨌거나 양측 모두, 특히 영국과 독일의 경우 전쟁은 이제 전통적인 세력 다툼을 넘어 갈수록 이데올로기 충돌 양상을 보였다. 영국의 보수주의자들이 이 전쟁을 경쟁 강국의 도전에 맞서 영(英)제국을 수호하는 일로 보았다면, 자유주의자들은 프로이센 군국주의의 군홧발에 맞서 법과 규칙, 민주주의를 지키려는 투쟁으로 보았다. 그들에게 프로이센 군국주의가 벨기에를 다루는 방식은 독일이 승리하면 유럽이 직면할 현실을 미리 맛보게 해주는 셈이었다. 물론 독일의 악마

화는 공식 선전으로 강화되지만, 선전은 언론에 의해 드러나는 이미 강렬해진 감정에 호소한 것뿐이었다. 대중의 히스테리가 얼마나 심했는지, 성이 독일식인 이름난 가문까지도 개명을 하는 편이 좋겠다고 여길 정도였다. 예컨대 바텐베르크(Battenberg)는 마운트배튼(Mountbatten: 독일 헤센 지방에서 유래한 영국의 귀족 가문으로 현 엘리자베스 여왕의 부군이 필립 마운트배튼 경이다—옮긴이)으로, 영국 왕가(일반적으로 하노버 가 House of Hanover로 알려져 있었지만 더 정확하게는 작센-코부르크-고타 가House of Saxe-Coburg-Gotha)도 윈저 가(House of Windsor)로 개명했다. 또한 동물 차원의 더 낮은 수준에서는 유명한 독일 종 양치기 개의 종명이 앨세이시언 종(Alsatians: 흔히 독일 종 '셰퍼드'라 부르는 개—옮긴이)으로 바뀌고 닥스훈트 종은 아예 거리에서 자취를 감췄다. 바그너 음악은 사실상 금지되었다. 독일에서의 반응도 만만치 않게 강렬했다. 영국에 대한 적대감은 에른스트 리사우어(Ernst Lissauer)의 인기 있는 하스게장(Hassgesang), 즉 영국을 독일의 가장 위험하고 간교한 적으로 고발한 '증오의 찬가'에서 표현 통로를 찾았다. 독일의 학계와 지성계도 이 전쟁을 한편으로는 슬라브족 야만주의에 맞서고, 다른 한편으로는 퇴폐적이고 경박한 프랑스 문명과 앵글로색슨의 조야한 상점 주인식 물질주의에 맞서 쿨투어(Kultur), 즉 독일만의 독특한 문화를 수호하는 투쟁

3. 전쟁기 독일의 자아상.

4. 연합국 선전에 비친 독일의 이미지.

으로 묘사하는 데 합세했다. 이는 서구에서 군국주의적이라고 비난하는 전사(戰士)의 미덕을 구체화하고 전사의 미덕에 의해 수호되는 문화였다. 그러한 '대중의 열정'은 교전국들이 전쟁을 계속해나가겠노라는 결의에서 적어도 정치적 계산이나 군사적 계산만큼 중요했다.

바다에서의 전쟁

영국 정부도 대륙인들처럼 처음에는 전쟁이 몇 달 만에 끝날 것이라고 착각했다. 군사적 해결에 의해서가 아니라 교전국들의 경제를 돌아가게 만드는 재정 체계의 붕괴로 인해 조기에 끝나리라 전망했던 것이다. 전쟁성 장관으로 입각한 당대 영국의 최고 군인 키치너 경(Lord Kitchener)만이 문민 각료들에게 적어도 3년은 갈 준비를 해야 한다고 경고하자 다들 놀라는 분위기였다. 그러나 역사적 선례를 보면 이 전쟁이 다른 여느 전쟁보다 조기에 끝난다고 짐작할 근거는 없었다. 비록 독일이 과거 나폴레옹처럼 육지에서 성공을 거두고 있었지만 전쟁은 나폴레옹 시대처럼 계속될 공산이 컸다. 그리고 독일은 나폴레옹처럼 궁극적으로 영국의 '제해권'에 패배할 터였다. 영국 해군의 주요 관심사는 이번에도 그렇게 되도록 하는 것이었다.

'제해권'의 중요성은 아무도 의심하지 않았다. 영국은 물론 독일에서도 해군의 정통적인 견해는 넬슨의 시대처럼 대규모 함대 간의 대결로 승패가 갈리리라는 것이었다. 해전에서 승자는 적을 아사 직전으로 몰아가 항복하게 만들거나 적어도 적국의 교역을 철저히 차단함으로써 경제를 붕괴시켜 더이상 전쟁을 계속할 수 없게 만들 수 있으리라. 티르피츠의 전함 건조 계획에도 불구하고 독일의 대양 함대는 여전히 영국의 대함대(the Grand Fleet)에 도전할 수 있는 처지가 아니었다. 그러나 영국은 기뢰와 어뢰의 파괴력을 너무 경계한 나머지 북해 기지에 있는 독일 함대를 직접 찾아 나서거나 독일 연안에 대한 근접 봉쇄 작전(close blockade: 봉쇄하려는 항구나 해안의 가시 범위 내에 전함이 상주하면서 항구를 오가는 배를 즉시 나포한다—옮긴이)을 펼치지 않았다. 이러한 신중함은 1914년 9월 22일에 한 척의 독일 잠수함이 영불해협에서 1,500명의 인명 피해를 입히며 영국의 전투 순양함 3척을 격침시키자 타당한 듯했다. 따라서 영국 해군은 독일 함대가 출격을 시도하는지 주시하며 스코틀랜드 최북단 스캐퍼플로의 기지에 머물렀다. 영국 해군이 독일 선박의 항로를 훑고 다니는 동안 독일 대양 함대도 상대편을 예의주시하며 기지에 머물렀다. 전쟁이 발발하자 해상에 있던 독일의 몇몇 상선 습격선(commerce-raider: 적국의 교역을 교란할 목적으로 적국 상선을 차단하거나 나포하는 임무를 띤 전함—옮긴이)은 이내 추격을 받았다. 물론 그에 앞서 1914년 11월 1일 제독 슈페 백작(Graf von Spee) 휘하 전대가 칠레의 코로넬 앞바다에서 영국 해군 분견대를 격침시키긴 했지만, 한 달 뒤에는 다시 슈페의 전대가 포클랜드 제도 해전에서 격침된다.

1914~15년 겨울에 독일 순양함들이 영국 해안 도시를 포격했고 1915년 1월에는 북해의 도거뱅크에서 양측이 격돌했지만 이를 제외하면 두 함대는 납작 엎드려 있었다. 2년이 지나자 독일의 새 해군 사령관 셰어(Reinhard Scheer) 제독의 인내심은 바닥났다. 1916년 5월 31일, 그는 대양 함대를 이끌고 북해로 나가서 대함대에 싸움을 걸었다. 영국 해군은 도전을 받아들였고, 덴마크 앞바다에서 두 함대는 영국에서는 유틀란트 해전(Battle of Jutland)으로, 독일에서는 스카게라크 해전(Battle of Skagerak)으로 알려지게 되는 전투에 돌입했다. 전례 없는 조우전과 통신 신호의 실패로 전투 자체는 어느 쪽도 승패를 가리지 못한 채 끝났다. 독일측은 총 11만 톤에 달하는 영국측 전함 14척을 격침시키고 대신에 아군의 손실은 11척, 총 6만 2,000톤에 달했으므로 전술적 승리를 거뒀다고 설득력 있게 주장할 수 있었다. 그러나 전략적 상황은 변함이 없었다. 영국의 함선들이 세계의 바다를 계속 지배하는 가운데 독일 대해 함대는 전쟁이 끝날 때까지 항구에서 가만히 녹슬

어갔다.

식민지의 전환

영국의 '제해권'으로 독일은 식민지와의 연락이 차단되었지만, 어차피 독일은 식민지가 별로 없어서 문제가 되지 않았다. 식민지의 부를 본국에 이전시킬 수 있었던 만큼 식민지가 부의 주요 원천이었던 18세기의 프랑스와 달리 독일은 해외 식민지를 주로 위신의 이유에서, 세계 강국의 지위를 요구하는 주장에 힘을 싣기 위해 획득했다. 독일의 해외 식민지는 오히려 자국 경제를 축내는 존재였다. 중부 태평양의 섬들인 마셜 제도, 마리아나 제도, 캐럴라인 제도(모두 원래 독일이 에스파냐로부터 구입한 해외 영토였으나 1차세계대전 이후 국제연맹의 위임 아래 일본의 신탁통치령으로 바뀌었다가 2차세계대전 이후 미국령이 되었다—옮긴이)는 영국의 동맹국인 일본이 금방 점령했고, 중국 본토에 있는 독일의 거점 칭다오도 마찬가지였다. 남태평양의 섬들—사모아 섬, 파푸아 섬, 솔로몬 제도, 비스마르크 제도—은 오스트레일리아와 뉴질랜드가 점령했다. 아이러니컬하게도 이곳들은 모두 2차세계대전에서 격전지가 되지만 1차세계대전에서는 부차적인 전장도 되지 못했다. 서아프리카에서는 프랑스와 영국의 식민지 부대들이 토골란트와 독일령 카메룬에서 독일 세력을 몰아내기 위해 협력했다. 15년 전에는 영국에 맞서 싸웠던 보어인들이 대다수였던 남아프리카 부대는 훗날 나미비아가 되는 독일령 서남아프리카를 점령했지만, 훗날 탄자니아가 되는 독일령 동아프리카는 점령하기가 훨씬 어려운 것으로 드러났다. 독일 수비대의 지휘관 파울 폰 레토브-포르베크(Paul von Lettow-Vorbeck)는 처음에는 탕가에 상륙하려는 영국-인도 부대 병사들(인도 주둔 영국군으로, 영국에서 발령을 받은 영국인 군인, 인도에서 태어나거나 거주하는 영국인, 인도인 등으로 다양하게 구성된 혼성 부대였다—옮긴이)을 격퇴했고, 그다음에는 그의 부대를 분쇄하기 위해 파견된, 보어 전쟁의 영웅 얀 스뮈츠(Jan Christiaan Smuts)가 지휘하는 원정군을 이리저리 피해가면서 소규모 공격으로 괴롭혔다. 그는 1918년에 유럽에서 전쟁이 끝날 때까지 성공적으로 게릴라전을 수행했다.

레토브-포르베크는 맹활약하며 독일군의 명예를 드높였지만 그의 게릴라전이 전쟁의 결과에 끼친 영향은 미미했다. 전쟁의 승패가 유럽의 전장에서 결정되리라는 것은 처음부터 분명했다. 비록 영국은 지난 30년 동안 '제국 방어'를 위한 계획을 세워왔지만 이 안들은 해외의 제국령 수호보다는 영국 해군에 대한 제국 차원의 기여, 나아가 캐나다, 오스트레일리아, 뉴질랜드 병력과 영국 병력의 균질화에 중점을 둔 것이었다. 영국이 제해권을 장악한 덕분에 이 병력들은 유럽으로 안전하게 수송될 수 있었고 그중 일부는 일본 전함의 호위를 받았다. 이들은 모두 자원병이었다. 많은 이들이 이민 1세대이거나 그 자식들이었다. 그들에게 영국은 여전히 '고향'이었고, 영제국 소속이라는 사실은 자긍심의 원천이었다. 게다가 러시아와의 관계 개선으로 인도군(Indian Army: 위의 영국-인도 부대와 동일—옮긴이)은 인도 바깥으로 자유롭게 파견될 수 있었다. 물론 다수의 인도 부대원들이 물이 흥건한 서부전선의 참호에서 지낸 1914년의 비참한 겨울은, 그러한 해외 파견이 그들을 활용하는 최상의 방법은 아니라는 점을 분명히 보여주었지만 말이다. 다행스럽게도 1915년 10월 말에 오스만 투르크 제국이 독일에 붙어 참전하면서 그들에게 더 용이한 전쟁 무대가 열렸다.

다르다넬스 전역과 살로니카 전역

오스만 투르크 제국(줄여서 '터키'. 보통 1922년 이전 정체를 가리킬 때는 오스만 투르크나 오스만 제국이라 하고, 1922년 공화국이 성립된 이후부터는 터키라 한다. 여기서는 두 표기를 혼용했다—옮긴이)은 유럽 무대의 주역 중 하나였는데 이제는 그들의 역할을 고려할 차례다. 이 제국이 한 세기에 걸쳐 쇠락과 패배, 굴욕을 겪은 뒤 살아남은 것은 주로 유럽 열강이 동유럽에서 균형을 유지하는 데 터키의 존재가 필수라고 봤기 때문이었다. 1908년에 권력을 장악한 일단의 젊은 장교들(원조 '청년 투르크당')은 케케묵은 정치·경제 체제를 근대화하고 국가 위신을 회복하는 일에 착수했다. 그들은 아프리카와 아라비아에서 국경선이 사방팔방으로 뻗어 있는 오스만 투르크 제국의 이슬람 전통에 등을 돌리고 대신에 종족적으로 동질하고 응집된 터키를 지향했다. 그러한 터키는 영토 내의 이질적 요소들—그리스인과 아르메니아인—을 제거하고 캅카스 지방과 남부 러시아, 중앙아시아의 3,000만 투르크계 소수민족을 해방시켜 단일한 통치 세력 아래 통합할 범우랄-알타이 운동을 후원할 터였다. 당연히 러시아는 이 새 정권의 등장을 예의주시했는데, 이들이 독일에서 열성적인 지지를 얻은 이후로 경계심은 더욱 커졌다. 독일 자본이 오스만 투르크로 흘러들어갔는데 특히 철도 부설에 투여되었다. 독일 외교관들은 이전 세기에는 영국이 전권을 휘두른 콘스탄티노플에서 막강한 영향력을 행사하는 한편, 독일 장교들은 터키 군대의 훈련과 재무장을 도왔다. 이러한 군 현대화는 충분한 시간을 확보하지 못해 1912년 1차 발칸 전쟁에서 터키 군대는 굴욕적으로 패배했다. 그러나 지금도 이스탄불의 터키군사박물관에는 독일인 조언자들을 기리는 특별관이 있다.

영국은 이 모든 상황을 다소 느긋하게 주시했다. 1880년대에 이집트에 확실히 자리잡은 뒤로 영국은 오스만 투르크 제국을 러시아의 팽창에 대한 방어벽으로서 떠받치는 보람 없는 임무를 포기했다. 사실 처음엔 오스만 투르크 제국에서의 독일의 존재를 러시아에 대한 유용한 균형추라 생각했다. 러시아가 영국의 맹방이 되자, 러시아 전체 수출품의 3분의 1이 통과하고 지중해와 흑해를 잇는 해협들(보스포루스 해협과 다르다넬스 해협을 말한다—옮긴이)은 새로운 전략적 중요성을 획득했다. 하지만 영국과 프랑스 해군의 지중해 제해권은 해협의 안전한 항행을 보장하기에 충분하리라 여겨졌다. 게다가 독일이 터키 육군을 좌지우지하고 있었지만 영국도 똑같이 터키 해군에 영향력을 행사하고 있었다. 터키 해군이 주문한 최신식 전함 2척이 영국의 조선소에서 건조되어 1914년 8월에 인도될 준비를 마쳤다. 그러나 전쟁이 발발하자 영국 정부가 나서서 그 전함들을 매입하는 바람에, 콘스탄티노플에 있는 터키 내부의 주요 지지자들은 영국과 소원해지게 되었다. 물론 터키가 러시아에 정면으로 맞서는 조약을 독일과 막 체결한 것은 모두가 인정하는 사실이었으니 그 전함들이 독일의 손아귀에 떨어지지 않는다는 보장은 없었다. 그리고 독일 전함 2척, 즉 괴벤 호와 브레슬라우 호가 전쟁 발발 직후 지중해에서 영국 해군의 추격을 따돌리는 데 성공해 8월 12일 콘스탄티노플에 정박하지만 않았어도 전함 매입 사건은 그냥 묻혔을지도 모른다. 두 전함의 위세는 모든 전선에서 거둔 독일군의 놀라운 성공과 더불어 터키 정부로 하여금 러시아를 상대로 선전포고를 하도록 설득하는 데 일조했고, 10월 29일에 터키 깃발을 휘날리는 두 독일 전함이 흑해 항구 오데사를 포격했다. 그와 동시에 터키는 러시아-터키 갈등의 역사적 무대인 캅카스를 공격함으로써 러시아에 대한 공세를 개시했다. 이후 석 달간 터키군이 8만 명의 병력을 잃으며 입증했듯이 겨울이 닥치는 시점에서 이는 현명하지 못한 공세였다.

영국은 이 외교적 패배를 안타까워하지 않았고, 어쩌면 이를 유도했을지도 모른다. 그들에게 노쇠한 오스만 투르크 제국은 의지할 만한 맹방보다는 희생 제물로 더 유용했다. 영국 식민성과 인도성은 오래전부터 오스만 투르크 제국령 소아시아를 적당한 먹잇감으로 눈여겨봤다. 이 무렵에 전함의 동력원을 석탄에서 석유로 전환하기 시작한 영국 해군은 페르시아 만 안쪽에 자리잡은 바스라의 정유 시설에 눈독을 들였다. 터키가 적국이 되면서 영국은 이제 변칙적으로 점령해오던 이집트를 완전한 보호령으로 만들 수 있었다(1878년에 영국이 수에즈 운하를 보호한다는 구실로 이집트를 점령했을 당시 이집트는 명목상으로는 오스만 투르크 제국의 속령이었다—옮긴이). 런던은 심지어 지난 100년 동안 영국 안보의 보루로 여겨진 콘스탄티노플을 새로운 맹방 러시아에 넘겨주겠다고 약속할 만큼 자신에 차 있었다. 정치 거점이 콘스탄티노플에 집중되어 있던 터키는 여전히 영국 해군력의 압박에 취약할 것이라고 여겨졌다. 필요한 일은 다르다넬스 해협을 무력으로 통과해 길을 여는 것뿐이었고 다들 어렵지 않게 해낼 수 있으리라 여겼다. 그리고 1915년 초에 이를 실행하기 위한 준비가 갖춰졌다.

다르다넬스 전역은 러시아가 캅카스 지방에서 받고 있던 터키의 압박을 덜기 위해 콘스탄티노플에 대한 '무력 과시'를 요청해옴에 따라 1915년 1월에 개시되었다. 영국 정부 내에는 영국군을 서유럽의 지상전에 투입하는 게 과연 현명한 일인지 줄기차게 의문을 제기해온 영향력 있는 세력이 존재했다. 그들은 영국의 해군력을 활용해 적국 해안을 봉쇄하고 재정 능력으로 대륙의 동맹국을 지원하는 쪽을 선호했다. 이는 나폴레옹 전쟁에서 아주 잘 먹힌 전략이었다. 이제 그들에게 기회가 온 것이다. 육군이 호언해온 서부전선에서의 결정적 승리가 물건너갔으니 그만큼 좋은 기회였다. 젊은 해군성 장관 윈스턴 처칠은 빼어난 웅변으로 다르다넬스 원정을 촉구했다. 전쟁성의 동료이자 일생 대부분을 중동에서 보낸 제국의 군인 키치너 경도 작전을 호의적으로 생각했다. 우선 이 작전은 러시아와의 교통로를 다시 열어, 러시아 경제에서 지대한 역할을 하는 곡물의 수출을 자유롭게 할 수 있었다. 게다가 발칸 반도를 통해, 여전히 오스트리아의 공격에 성공적으로 저항하고 있는 세르비아를 도울 수 있는 '뒷문'이 열릴 수도 있었다. 그리고 발칸 전쟁에서 과거 세르비아의 동맹국이었던 그리스와 불가리아로 하여금 세르비아를 돕도록 설득할 수도 있었다. 물론 불가리아의 경우는 가능성이 아주 적었다. 어쨌거나 전통적으로 세르비아에 적대적인 불가리아는 제1차 발칸 전쟁에서 쏟은 자신들의 수고에 대한 정당한 대가라고 여긴 마케도니아 지방을 제2차 발칸 전쟁에서 세르비아에 내주었기 때문에 그 땅을 간절히 되찾고 싶어했다. 연합국은 오스트리아-헝가리 제국을 희생시켜 불가리아에 보상을 해줄 수 있기를 바랐지만, 불가리아의 환심을 사기에는 외교적으로나 군사적으로 중부 세력이 훨씬 유리한 입장에 있었다. 따라서 불가리아가 1915년 10월 중부 세력에 가담하여 참전했을 때는 아무도 놀라지 않았다.

하지만 그리스는 다른 문제였다. 그리스는 1, 2차 발칸 전쟁에서 세르비아의 동맹국이었다. 그리스의 상업·교역 종사자들은 열렬하게 영국을 지지했다. 반면 군대와 궁정은 그만큼이나 강하게 독일을 지지했다. 국왕이 카이저의 인척(대부분의 신생 발칸 국가들은 독일로 가서 왕가를 옹립해왔다)임을 고려할 때 그리 놀랄 일도 아니었다. 크레타 출신의 엘레우테리오스 베니젤로스(Eleutherios Venizelos) 총리는 연합국을 강력히 지지했지만 커다란 보상을 요구했다. 안타깝게도 이미 러시아에 넘기기로 약속된 콘스탄티노플의 할양을 요구한 것이다. 그럼에도 불구하고 1914년 겨울 오스트리아를 상대로 한 세르비아의 승전과 이듬해 3월 다르다넬스 해협에 대한 연합군의 상륙으로 그의 입지는 강화되어, 세르비아에 직접 도움을 줄 수 있도록 살로니카에 소규모 군대를 상륙시켜야 한다는 연합국의 요구 사항(대체로 프랑스가 주장한)을 받아들일 수 있었다. 이 병력은 1915년 10월 살로니카에 상륙했다.

그때가 되자 이미 많은 일들이 일어난 상태였다. 다르다넬스 원정은 실패했다. 원정의 군사적 목표는 처음부터 혼란스러웠다. 영국 해군은 그저 '콘스탄티노플을 목표로 삼고, 갈리폴리 반도를 포격하여 그곳을 접수하라'는 명령을 받았다. 그러나 그들이 1915년 3월에 공격했을 때 연합국(영국-프랑스) 해군은 적군이 부설한 기뢰 때문에 발길을 돌릴 수밖에 없었고 지상군에 지원을 요청했다. 그러자 병력이 갈리폴리 반도에 단계적으로 투입되면서 상륙 과정에서 엄청난 인명피해를 입었고 상륙한 뒤로는 강력한 터키군 방어진지에서 훤히 내려다보이는 좁은 교두보에 간신히 매달려 있는 형국이었다. 8월 수블라 만에서 벌어진 영국군의 대규모 공격은 지휘부의 무능 탓에 실패했다. 10월이 되자 작전은 완전한 실패였음이 분명해졌다. 다만 오스트레일리아와 뉴질랜드에서 건너와 작전을 수행한 병사들이 용기와 끈기를 보여주고 그해 말에 갈리폴리 반도에서 성공적으로 철수함으로써 원정의 실패를 조금이나마 만회해주었다. 연합국은 따라서 동지중해에서 모든 신뢰를 잃었다. 그리스에서는 베니젤로스가 실각했다. 그리고 연합국 원정군이 마침내 그리스령 살로니카에 상륙했을 때, 새로 들어선 그리스 정부는 자국의 중립이 침해당했다고 격렬히 항의했다. 약소국들의 권리를 위해 싸우고 있다고 주장하던 영국의 자유주의자들에게는 특히 당혹스러운 일이었다.

설상가상으로 중부 세력은 더 큰 승리를 거두어 발칸반도에서 군사적 주도권을 잡았다. 1915년 11월에 독일 사령관이 지휘하는 오스트리아군과 독일군은 불가리아군까지 합세한 가운데 삼면에서 세르비아를 침공하여, 살로니카에서 진격하여 세르비아를 지원하려고 한 연합국에 선수를 쳤다. 세르비아는 궤멸되어 점령당했고, 패잔병들은 아드리아 해 연안의 항구로 빠져나가기 위해 한겨울에 몬테네그로 산악 지대를 넘어갔다. 생존한 병사들은 살로니카에서 연합군에 합류했지만 그곳의 지도부는 우스울 정도로 무능한 처지였다. 반면에 오스트리아군은 이제 자신들이 더 선호하는 적에 전력을 집중할 수 있었다. 바로 이탈리아였다.

이탈리아가 참전하다

이탈리아는 앞서 본 대로 전쟁이 발발했을 때 중립을 선언했다. 그들은 전쟁에 가담하려는 열의가 별로 없었다. 국고는 터키와의 전쟁으로 바닥이 난 상태였고 산업계는 파업으로 마비 상태였다. 교회와 다수의 귀족들은 자유주의적 서구보다도 가톨릭을 믿는 오스트리아의 대의명분에 우호적이었다. 그러나 리소르지멘토(Risorgimento)의 전통, 즉 이탈리아 국가의 최종적 통일에 대한 기대 때문에 연합국의 주장은 커다란 힘을 얻었다. 여기에 맞서려면 중부 세력은 오스트리아측에 있는 이탈리아어권 영토를 넘겨주어야만 했다. 이를 위해 독일은 동맹국 오스트리아에 강한 압력을 넣었지만 당연히 빈은 내켜하지 않았다. 이중군주국을 유지하기 위해서지 해체하기 위해서 이 전쟁을 하는 것은 아니지 않은가? 오스트리아가 무찌를 수 있다고 자신하는 유일한 상대인 것 말고도 이탈리아는 누구에게나 인기가 없었다. 그럼에도 불구하고 1915년 5월에 빈은 독일의 압력에 마지못해 굴복했다. 그러나 때늦은 결정이었다. 이탈리아는 4월 26일에 연합국과 비밀리에 런던 조약을 체결했던 것이다. 이에 따라 이탈리아는 알프스 이남의 이탈리아어권 전역은 물론 독일어권 남티롤과 이탈리아인이 확실히 소수 집단인 슬로베니아와 달마티아의 넓은 지역도 할양받기로 약속을 받았다. 이탈리아인이 전혀 살지 않는 터키 아나톨리아 지방의 상당 부분을 할양받는다는 약속을 받아놓은 것은 말할 것도 없었다.

이탈리아는 1915년 5월 23일에 참전을 선언했고, 이탈리아 총사령관 루이지 카도르나(Luigi Cadorna) 장군은 다음 2년을 이손초 강 너머의 산악 지대에서 수차례 무모한 공격을 반복하며 보냈는데 이 과정에서 거의 100만 명의 병력을 잃었다. 오스트리아군은 다른 전선에서는 보여준 적 없는 투지를 다해 싸웠다. 이탈리아의 참전은 오스트리아군이 독일군의 하위 파트너로서 1915년에 세르비아와 러시아를 상대로 거둔 승리들보다 거의 틀림없이 오스트리아군의 사기 진작에 더 기여했다. 확실히 이탈리아의 참전은 연합국이 발칸 반도를 상실하고 터키에 패배한 것을 별로 만회해주지 못했다.

1915년 동부전선

연합국의 전적은 주요 전선에서 그리 나을 것이 없었다. 전략적 주도권은 여전히 베를린에, 특히 매우 유능한 새 참모총장 에리히 폰 팔켄하인에게 있었다. 팔케하인에게는 명확한 우선순위가 있었다. 그는 독일의 가장 위험한 적은 서쪽에 있음을 깨달았다. 프랑스와 그보다 더 중요하게는 영국이 패배하지 않는 한 연합국은 전쟁을 한없이 끌고 갈 수 있었다. 군

5. 동부전선의 마을을 불태우고 있는 독일군.

사력보다는 자신들은 신세계의 경제 자원에 의지할 수 있고 독일은 거기에 접근하지 못하게 막는 해상에서의 우위를 통해서 말이다. 러시아는 더이상 즉각적인 위협이 되지 않았고, 동부 전역은 워낙 광대해서 결정적인 승리를 얻기 어려웠다. 자기 마음대로 할 수 있었다면, 팔켄하인은 러시아군을 저지하기 위해 소수의 병력만 배치한 채 서부전선에서 결정적 승리를 얻기 위해 모든 전력을 집중하는 슐리펜의 전략으로 돌아갔을 것이다. 하지만 그는 혼자 마음대로 할 수 있는 처지가 아니었다. 당시의 독일 대중에게 전쟁의 위대한 영웅은 이제 타넨베르크 전투의 승자들, 즉 힌덴부르크와 루덴도르프였다. 이 가공할 한 쌍은 자신들의 전쟁 무대가 뒷전으로 밀려나는 상황을 용납할 생각이 전혀 없었고 실제로 이를 방지하기 위해 정치적 영향력을 적극 행사했다. 게다가 오스트리아군은 비참한 겨울 공세 끝무렵에는 그야말로 붕괴 직전이었다. 1914년 말이 되자 그들은 벌써 125만 명의 병력을 잃었고 1915년 3월까지 추가로 80만 명을 잃었다. 이러한 손실 병력에는 다민족 군대를 하나로 묶어준 직업 장교들이 다수 포함되어 있었다. 더구나 슬라브족 부대—체코인, 루마니아인, 루테니아인—는 집단으로 탈영하기 시작했다. 회첸도르프 자신도 오로지 이탈리아를 더 효과적으로 상대하기 위해서 러시아와 따로 강화하는 방안을 고려하기 시작했다.

이에 팔켄하인은 동맹국 오스트리아를 구하는 한편 러시아에 충분한 손실을 입혀 상트페테르부르크에서 이미 강화를 부르짖고 있는 영향력 있는 집단에 힘을 실어주려면, 당분간 서부전선에서는 수세를 취하고 동부전선에서는 대규모 공세를 펼쳐야 한다는 주장을 별수없이 받아들였다. 이를 위해 그는 참모장 한스 폰 젝트(Hans von Seeckt) 대령의 보좌를 받는 아우구스트 폰 마켄젠(August von Mackensen) 장군 휘하에 새로운 오스트리아-독일 집단군을 편성하여 고를리체-타르노프 지역에서 갈리치아 전선의 러시아군을 공격하도록 명령했다. 이 공세에서는 전쟁 중반기를 특징짓는 수법을 처음 선보였다. 바로 장시간 집중 포격을 가해 형성한 탄막 뒤로 치밀하게 계획된 보병의 공격이 이어지는 것이었다. 그것은 대성공이었다. 러시아군 10만 명이 포로로 잡히고 전선은 130킬로미터까지 밀려났다. 이 공세 자체는 '결정적'이지 않았지만 팔켄하인에게 중요한 것은 따로 있었다. 그는 이 새로운 종류의 전쟁이 지닌 특징을 이해하기 시작했다. 여기서 목표는 전장에서의 승리라기보다는 '소모'였다. 독일의 전략은 이제 자기 자원은 가능한 한 소비하지 않으면서 적들로 하여금 자원을 끝없이 소모하게 만드는 것이었다.

힌덴부르크와 루덴도르프는 의견이 달랐다. 마치 슐리펜이 프랑스군 전체를 포위하길 바랐듯이, 그들은 아직도 '내일이 없는 전투' 속에서 전 러시아군을 덫에 빠트릴 광범위한 포위 전략을 구상하고 있었다. 팔켄하인은 이런 전략을 전혀 용납하지 않았다. 8월에 그는 동부전선의 북쪽 구역에서 공세를 허락했지만, 이 공세는 러시아군을 폴란드에서 몰아내고 브레스트-리토프스크를 거쳐 남북으로 이어지는 방어선을 구축하는 제한된 목표를 달성하기 위한 것이었다. 이 작전이 큰 성공을 거두자 그는 빌나를 손에 넣기 위해 루덴도르프에게 북쪽에서 추가로 대대적 진격을 하도록 허락했다. 그러나 다시금 독일군은 전략적으로는 별 의미 없는 극적인 작전상의 승리만 거두었다.

1915년 말이 되자 동부전선에서 독일군은 연전연승을 거두었고 힌덴부르크와 루덴도르프가 공을 차지했다. 그러나 수적으로 훨씬 우세한 적을 상대로 한 이 눈부신 승리는 능수능란한 통솔력과는 그다지 상관이 없었다. 그보다는 훌륭한 조직력, 우수한 병참, 충분한 훈련, 암호화되지 않고 교신된 러시아의 전령을 도청하여 얻어낸 정보에 힘입은 더 뛰어난 첩보 역량, 한마디로 러시아 제국보다 한참 앞서는, 교육 수준이 높고 근면한 국민들의 자질 덕분이었다.

또한 여기서 놓치지 말아야 할 것은 양측이 이 전역을 수행할 때 보인 잔혹성으로, 민간인이 주된 희생양이었다. 러시아 부대는 폴란드인이나 리투아니아인들에게 동포애를 느끼지 않았기 때문에, 퇴각시에는 그 일대를 초토화했다. 피난민의 숫자는 300만 명에서 1,000만 명으로 추정되었다. 독일군은 민간인의 안위를 러시아군보다 더 개의치 않았다. 독일군은 정복자이자 식민자로서 진격했다. 폴란드인이나 리투아니아인들이 거주하는 이곳은 루덴도르프가 더 큰 제국의 일부로서 병합하려 한 지역으로, 독일인이 정착하고 지배할 땅이었다. 그 지역을 지배한 군사 조직의 이름을 따 그곳은 단순히 오버 오스트(Ober Ost: '상上동부'라는 뜻으로 동부군 군정지역을 말함—옮긴이)로 알려지게 되었다. 독일 관리들은 주민들의 권리나 정체성을 전혀 인정하지 않고 그들을 야만인으로 취급했다. 다른 여러 측면과 마찬가지로, 1차세계대전에서 보인 독일의 행위는 2차세계대전에서 보여줄 야만 행위의 불길한 전조였다.

1915년 서부전선

서부전선에서 독일군은 1915년 내내 수세를 취했고 동부전선에서와 마찬가지로 성공적인 한 해를 보냈다. 그들은 이프르에서 4월에 딱 한 차례만 공격을 감행했는데, 염소 독가스라는 신무기를 시험해보는 목적 외에는 중대한 전략적 목표가 없는 공격이었다. 처음에 이 독가스 공격은 매우 효과적이었다. 독가스에 노출된 연합국 부대들은 완전히 허를 찔렸고, 일시적으로 전체 전선 가운데 7킬로미터 구간을 포기했다. 그러나 연합국도 재빨리 방어 수단을 개발하여 자신들의 무기고에도 그런 무기를 갖춰, 전쟁 수행 방식은 더 복잡하고 비인간적으로 흘러갔다. 이 새로운 '무서움'이 독일의 야만 행위에 추가되고 전시와 전후에도 연합국의 선전에서 가장 유용한 소재가 되었기 때문에, 독일은 이 발명으로 득보다 실이 더 많았을 것이다. 이외에도 독일군은 자신들의 방어 진지를 개선했다. 보통은 자신들이 선택한 장소에 종종 편안한 대피호가 딸린 깊은 참호선을 구축했다. 참호 체계는 가시철조망으로 보호되고 미리 조준된 대포뿐 아니라 기관총으로도 방어되었는데, 기관총은 유럽의 어느 군대도 예상하지 못한 종류의 방어전에서 진가를 발휘했다.

연합군은 이러한 방어 체계를 공격해야 한다고 생각했다. 우선 그 방어선은 프랑스 영토 안쪽 깊숙이 자리잡고 있었고 그것이 파괴되지 않고 건재한다는 사실 자체를 적어도 프랑스인들은 용납할 수 없었다. 게다가 동부전선의 비참한 전황으로 인해, 러시아를 전쟁에 계속 붙들어두려면 서부에서 지속적인 압박이 불가결해 보였다. 영국군은 하위 파트너인 관계로, 전략적 방침을 결정하는 권한은 여전히 주로 프랑스 지도부의 수중에 있었다. 영국의 내각 안에서는 서부전선에서 영국의 비중을 낮추고 더 전통적인 해상 전략의 모색을 주장하는 압력도 여전히 만만치 않았다. 다름 아닌 키치너가 강하게 동조하는 견해였다. 나중에 '서부전선파(Westerner)'라고 불리게 되는 사람들 중 가장 열성적인 부류조차 영국의 신군(new army: 정규 직업 군인으로 이루어진 기존의 영국군이 아닌, 전쟁 발발과 함께 자원입대한 병사들로 구성된 군대들을 말한다. 키치너 군Kitchener's Army이라는 별명으로도 불리며 전쟁 말까지 총 6개 군이 창설된다—옮긴이)이 제대로 훈련을 받고 무장을 갖추길 바라는 1916년까지는 어떠한 공세든 늦추는 편이 낫다고 여겼을 것이다. 그러나 다르다넬스 전역의 실패와 동맹국들의 압박, 무엇보다 독일과 맞붙고 싶어하는 여론의 무게 때문에 영국은 1915년 말이 되자 돌이킬 수 없을 만큼 '서부' 전략에 꼼짝없이 매이고 이듬해에 그 성과를 고대하게 되었다.

따라서 1915년 내내 영국군과 프랑스군은 갈수록 강도를 더해가는 공격을 감행하는 가운데 엄청난 희생을 치러가며 새로운 종류의 전쟁 기술을 터득했다. 3월에 전개된 연합군의 초기 공격은 쉽게 격퇴되었다. 성공적인 강습(强襲)의 열쇠는 충분한 포격 지원에 있음이 분명해졌지만, 연합군은 아직 적절한 구경의 대포가 충분하지 않거나 그것들을 제조할 수 있는 관련 산업을 갖추지 못한 반면에 보유중인 포탄은 전투에 적합하지 않았다. 1914년 이전 포탄은 공중에서 터져서 기동전에 효과적인 유산탄이 주를 이루었다. 그러나 이제 필요한 것은 가시철조망으로 보호된 진지를 완전히 파괴하고, 참호 안의 적 보병들을 무찌르고, 수비대를 지원하기 위해 전방으로 이동하는 적의 예비 병력의 발목을 붙잡고, 대항포격으로 적의 대포를 무력화시킬 수 있는 고도로 폭발력 강하고 무거운 포탄이었다. 게다가 보병에 의한 공격은 일제 엄호 포격과 긴밀한 협조를 이루어야 했는데, 그러자면 일급 참모 업무뿐만 아니라 믿음직한 통신수단이 필요했다. 그런데 이동식 무전기가 없는 상황에서 이용 가능한 통신수단은 연락병과 전서구(傳書鳩), 그리고 적이 일제 포격을 가할 때 가장 먼저 파괴되는 전화선뿐이었다. 마지막으로, 비록 공격이 처음에는 어느 정도 성공을 거둔 경우에도 독일군 참호망의 제1선 너머로 좀처럼 침투하지 못하는 문제점이 있었다. 공격 부대는 그 지점에서 적의 포격과 측면으로부터의 반격에 고스란히 노출된 채 기다려야 했다. 포대가 목표물을 재조준해야 했기 때문에 추가 진격은 지연되었다. 전쟁의 이 단계에서 포수는 포격을 개시하기 전에 정확도를 높이기 위해 조준 시험탄을 발사해야만 했다. 이는 시간이 걸렸고 기습의 효과를 상실했다. 나중에(곧 살펴볼 것이다) 그들은 시험 발사가 불필요한 '사전 조준' 기법을 개발하게 된다. 마지막으로, 돌파를 완수하기 위해 필요한 예비 병력과 공격 병력 간의 연락이 어려

6. 하위 파트너인 영국군과 자리를 함께한 프랑스의 조프르 원수(왼쪽). 가운데는 영국의 육군 원수 존 프렌치 경이고 오른쪽은 중장 더글러스 헤이그 경이다.

워, 전장에서의 지휘 통제가 사실상 불가능해졌다.

영국군의 경우, 종종 능력 수준을 훨씬 뛰어넘는 위치까지 진급한 장교들의 지휘를 받는데다 거의 훈련되지 않은 자원병들로 구성되어 있다는 사실로 문제가 더 복잡해졌다. 그러나 전혀 다른 종류의 전쟁에 맞춰 훈련된 프랑스군도 별반 낫지 않았다는 사실을 기억해야 한다. 그럼에도 불구하고 9월이 되자 러시아가 절박한 상황에 내몰려 서부에서 대규모 공세를 개시해야 했다. 따라서 연합군은 조프르가 '독일군을 뫼즈 강까지 몰아내고 잘하면 전쟁을 끝낼' 것이라고 약속한 대규모 합동 공세에 나섰다. 영국군 담당 구역은 탄광 지대인 루(Loos) 일대였다. 공격은 이제 야포는 물론 중포도 포함한 대규모 포격 지원과 함께 개시되었다. 또한 독가스를 처음으로 그 개발자들인 독일군을 향해 사용했다. 영국군은 실제로 독일군 전선에 너비 8킬로미터, 앞뒤 3킬로미터의 돌파구를 냈다. 그러나 독일군 역시 이미 교훈을 얻어서, 1차 방어선 뒤에 2차 방어선을 구축한 상태였다. 영국군 쪽에는 부실한 참모 역량, 지휘 체계의 혼란, 그리고 순전히 전쟁이 야기하는 마찰(friction of war: 클라우제비츠가 『전쟁론』에서 제시한 개념으로, 그에 따르면 전쟁은 필연적으로 이전의 모든 준비 상황과 계획을 왜곡하는 마찰을 낳기 때문에 부대나 조직, 시스템의 이상적인 실행 능력과 현실 세계에서의 실행 사이에는 불일치가 존재할 수밖에 없다—옮긴이)로 인해, 이 돌파구를 활용할 예비 병력이 가까이에 없었다. 전투는 다음 한 달 동안 지지부진하게 계속되었고, 결국 양측은 각각 약 20만 명을 잃었다.

그럼에도 불구하고 연합군은 이제 승리를 위한 공식을 찾아냈다고 생각했다. 바로 더 많은 야포, 더 긴 사전 일제 포격, 더 개선된 연락 통신, 더 뛰어난 참모 역량이었다. 그들은 이 모든 것이—1915년 11월에 샹티유의 프랑스군 참모본부에서 열린 연합군 회의에서 계획한—1916년의 동서부전선 합동 대공세 때 실행에 옮겨지기를 바랐다. 조프르는 서부에서 가장 강력한 연합군의 총사령관으로서 여전히 실권을 쥐고 있었지만, 영국 원정군의 규모가 원래의 6개 사단에서 56개 사단, 총 6개 군으로 급격히 불어나면서 영국군은 갈수록 중요한 파트너가 되어가고 있었다. 영국군 사령관 존 프렌치 경이 더이상 적임이 아니라는 사실은 널리 알려져 있었고, 그가 루 전투에서 거둔 성과가 입증한 대로 이같은 세간의 평가는 옳았다. 그는 완고하고 말주변이 없으며 의지가 굳은 더글러스 헤이그 경으로 교체되었다. 그리고 솜 강 전투를 위한 준비 작업이 시작되었다.

제 5 장

1916년: 소모전

후방 전선

1915년이 저물 무렵, 다들 6개월 안으로 끝나리라 예상했던 전쟁은 1년 반 가까이 지속되는 중이었고 조속한 종결을 기대하는 사람은 더이상 없었다. 대체 무엇 때문에 전쟁이 그토록 장기간 지속될 수 있었을까?

여기에는 간단한 대답이 하나 있다. 바로 모든 교전국 국민들의 지속적인 지원이다. 그들은 막대한 군사적 손실을 감내했을 뿐 아니라 전쟁 수행에 따른 곤경과 통제를 불평하지 않고 받아들였다. 각국 정부는 전례가 없을 뿐 아니라 전에는 상상조차 할 수 없을 정도로 막강한 권한을 보유했다. 정부가 장악하지 않은 영역은 자발적 조직이 접수했다. 전쟁 발발과 함께 예상되었던 재정 파탄 사태는 일어나지 않았다. 보험요율은 인상이 억제되고, 정부 공채는 초과 모집되었으며, 지폐가 금을 대체하고, 노동력 부족으로 임금이 가파르게 올랐으며, 정부와의 계약은 일부 사업 부문에서 전례 없는 번영을 낳았다. 농업생산자들은 노동력 부족으로 어려움을 겪었지만 농산물에 대한 수요가 어느 때보다 컸다. 아닌 게 아니라 전쟁 발발 1년 뒤에는 모든 교전국의 많은 인구 집단에서 생활 형편이 이전의 어느 때보다 나아졌다. 그러나 1915년 말이 되자 어느 쪽에서든 해상 봉쇄의 악영향이 나타나기 시작했다. 물가 상승과 지폐 유통의 증가로 초래된 인플레이션이 봉급생활자 계층에 타격을 입혔다. 공업용 수입 원자재는 감소하거나 자취를 감추었다. 해상 봉쇄와 군대의 수요로 인한 압력은 갈수록 심해져 식량, 연료, 운송의 부족을 초래했다. 1916년 한 해 동안 민간인들은 심각하게 고통을 겪기 시작했다.

여기에 가장 잘 대처한 쪽은 서유럽의 잘 조직되고 결집력이 강한 사회들, 즉 독일, 프랑스, 영국이었다. 사실, 전쟁은 이 나라들이 더 잘 조직되고 더 단단히 결집되도록 만들었다. 20세기의 첫 10년 동안 어디서나 정치문제의 중심이었던 자본가와 노동자의 계급투쟁은 유예되었다. 노동계급 지도자들은 행정적·정치적으로 책임 있는 자리를 맡게 되었다. 노동력 부족으로 그들은 새로운 협상력을 얻었다. 대학 출신 전문가와 실무가들에 의해 강화된 관료조직은 국민 생활에서 갈수록 더 많은 영역을 장악해나갔고, 많은 경우에 그때 얻은 권한을 전후에도 상실하지 않게 된다. 전쟁 말기가 되자 유럽의 모든 교전국은 심지어 자유방임적인 영국마저도 통제경제를 수립했으며, 그중 독일이 가장 심했다.

독일, 아니 그보다는 프로이센 관료조직은 프로이센 군대처럼 언제나 그 제도의 모범으로 간주되어왔다. 관료조직은 전쟁 준비 과정에서 별다른 역할을 하지 않았다. 동원을 비롯한 모든 업무는 군 당국이 꽉 쥐고 있었다. 제국은행(Reichsbank)에는 넉넉한 '군자금(war chest)'이 있었지만 민간의 전쟁 준비 활동이 미치는 영역은 거기까지였다. 해상 봉쇄에 취약성을 드러낼 수밖에 없음에도 불구하고 독일은 군수생산에 필수적인 수입 원자재를 비축하기 위한 조치는 전혀 하지 않았다. 전쟁성은 오로지 거대 전기회사 아에게(AEG)의 설립자인 민간인 발터 라테나우(Walther Rathenau)의 주도에 힘입어, 필수 비축물을 관리하고 분배하는 전시물자국을 설립해 처음에는 그에게 관리를 맡겼다. 동시에 해운업계의 거물 알베르트 발린(Albert Ballin)은 필수 수입품의 매입 과정을 합리화하기 위해 중앙구입기구를 설립하는 일에 앞장섰다. 두 조직은 대체로 라테나우와 발린 아래서 일하는 실무가들이 운영했다. 유럽에서 가장 뛰어난 독일 화학산업은 입수 불가능한 원자재의 대체물을 개발하는 일에 다시금 주도적으로 나섰다. 섬유를 대신하는 목재 펄프, 합성 고무, 비료를 대신하는 질산염, 대기로부터 만드는 합성 폭약 등이었다. 그렇기는 해도 1915년 말에 이르자 식량과 의복이 부족해지고 있었다. 배급제와 가격 통제가 도입되었고, 대체로 공평한 조치로 받아들여졌다. 그러나 군대의 승전에도 불구하고 독일 국민은 점점 차림새가 초라해지고 얼굴에는 근심이 어렸으며, 도시민들은 갈수록 굶주리게 되었다.

영국인들이라고 장기전에 더 잘 대비하고 있었던 것은 아니지만, 정부는 초기에 군사적·정치적 조치들을 취해두었다. 항구와 철도, 선박, 보험요율을 통제하는 '전시 규칙'이 이미 마련되어 있었고, 국토방위법이 의회에서 만장일치로 조기에 통과되어 정부에 사실상의 전권을 부여했다. 허버트 애스키스(Herbert Asquith)의 다소 느긋한 지도 아래 자유주의적이고 평화주의적인 성격을 띠었던 정부는 처음에는 전쟁 수행을 키치너에게 일임했다. 영국의 많은 군사 지도자들처럼 키치너도 경력 대부분을 해외에서 보냈고, 그 임무는 그의 능력 밖이었다. 하지만 그는 대다수 의견과 달리 전쟁이 장기전이 될 것이며, 여기서 싸우기 위해서는 대규모 해군과 더불어 대규모 육군이 필요하다는 사실을 인식했다. 그는 6개 사단으로 편성된 기존의 원정군을 70개 사단으로 확대할 계획을 세우고 자원입대를 호소했다. 반응은 즉각 나타났다. 1914년 말까지 100만 명이 입대했는데, 이는 정부가 무장시킬 수 있는 인원을 크게 웃도는 숫자였다. 그러나 이 숫자도 궁극적으로 필요하게 되는 인원의 25퍼센트에 못 미쳤고, 1915년 여름에 이르자 자원자들도 점차 바닥나기 시작했다. 징집은 자유당 정부가 아주 질색하는 일이었기에 일련의 어중간한 미봉책이 시도되다가 1916년 5월, 정부는 마침내 18세부터 41세까지의 모든 남성을 징집하는 제도를 도입했다.

입대한 사람들이 일하던 자리는 부분적으로 여성들이 메웠다. 여성들은 투표권을 요구하는 '참정권' 운동을 통해 전쟁이 일어나기 전에 이미 자신들을 조직하고 있었고, 그 운동의 지도자들은 전쟁 수행에 영향력을 발휘하기 시작했다. 여성들은 간호와 복지 분야뿐 아니라 사무실과 공장, 농업 부문에서도 갑자기 없어서는 안 될 존재가 되면서 사회의 균형 전체를 바꾸고 있었다. 1918년에 이르자 그러한 변화는 새로운 인민대표법에 반영되어 30세 이상의 여성을 포함해 유권자가 700만 명에서 2,100만 명으로 늘어났다. 거의 전쟁의 부산물로서, 영국은 완전한 민주주의에 근접한 나라가 되어갔다.

병력은 자원자와 예비군들이 채울 수 있었겠지만, 그들을 무장시킬 무기와 탄약을 확보해야 하는 문제가 대두되었다. 1914년 말이 되자 사실상 모든 교전국의 비축 탄약이 전부 소진되었고, 전쟁 수행을 위해서는 인원만이 아니라 산업도 동

7. 군수 공장에서 일하는 여성 노동자들.

원해야 한다는 점이 분명해지고 있었다. 독일에서 전시 산업 동원은 군부 주도로, 영국에서는 민간 주도로 이루어졌다. 영국에서 그 주도권은 애스키스 정부의 가장 정력적인 각료인 데이비드 로이드 조지가 쥐었는데, 그는 키치너의 항의를 물리치고 처음에는 위원회를, 그리고 1915년 5월에는 군수성을 창설했다. 군수성은 군수 물자 공급의 모든 분야를 관할할, 전권을 쥔 정부의 관리 아래 관료, 노동자, 산업계를 연합시켰다. 1917년에는 정부 부처들이 추가로 창설되었는데, 그중에서도 식량성이나 해운성은 대체로 관련 산업계의 전문가들이 맡아서 해상 봉쇄의 압박으로 인한 배급 문제를 처리했다. 그 결과 1918년까지는 많은 국민들이 영양 부족 상태에 처했지만, 영국은 적국이 전쟁 종반까지 겪었던 기아와 필수품의 결핍 단계에는 이르지 않았다.

프랑스는 석탄 매장지의 40퍼센트와 철광석 산지의 90퍼센트를 상실했다. 그러나 프랑스는 여전히 큰 농업 국가였고, 비록 정치적 지도력은 악명 높을 만큼 불안정했지만 행정은 과거 나폴레옹이 만든 대단히 효율적인 관료조직에 의해 이루어졌다. 더 중요한 사실은 프랑스가 여전히 서반구의 자원에 접근할 수 있었고, 따라서 프랑스의 뛰어난 군수산업은 피해를 입지 않았다는 점이다. 프랑스 정부는 영국 정부처럼 중도와 좌파의 연합에 기반을 둔 거국 내각으로, 처음에는 전쟁 수행을 마른 전투의 영웅 조프르 장군에게 일임했다. 1915년 말까지 프랑스군은 끔찍한 인명 손실을 입었지만 성과는 별로 없어서, 조프르의 능력에 관한 의심이 늘어가고 있었다. 조프르가 이듬해 봄 독일군의 베르됭 공세를 예측하는 데 실패함으로써 의심은 더욱 굳어지게 된다. 그러나 강화를 원하는 분위기는 아직 나타나지 않았다. 레이몽 푸앵카레(Raymond Poincaré) 대통령이 구현한 우파의 전통적인 애국주의와 그를 가장 신랄하게 비판하는 조르주 클레망소의 격렬한 자코뱅주의는 결연한 의지로 똘똘 뭉쳐 이 전쟁에서 반드시 승리하고, 또 장차 다른 전쟁을 벌이지 못하도록 독일 세력을 분쇄하겠노라 다짐했다.

러시아 제국의 상황은 매우 달랐다. 방대한 인적 자원과 급속한 산업화에도 불구하고 러시아는 궁극적으로 치명적인 결점 두 가지를 안고 있었다. 바로 지리적 고립과 행정적 비효율성이었다. 첫째 요인으로 러시아 경제는 둔화되었고, 둘째 요인으로 그렇게 둔화된 경제를 치유할 수 없게 됐다. 전쟁이 시작되었을 때 필수적인 수입품은 바닥났고 러시아의 수출량—대체로 남러시아에서 온 곡물로, 다르다넬스 해협의 봉쇄로 수출길이 막혀 있었다—은 70퍼센트나 감소했다. 토착 자본가들이 커다란 이익을 거두긴 했으나 국내 생산의 공백을 메울 수는 없었다. 러시아 군대는 다른 군대들과 마찬가지로 탄약이 급속히 바닥났다. 그리고 탄약만이 아니라 대포나 심지어 소화기(小火器)까지 바닥났다. 1914~15년에 치러진 일련의 대전투에서 러시아 보병은 일제 포격의 엄호를 받지 못한 채 공격해야 했고 종종 소총마저 부족했다. 놀랄 일도 아니지만, 1915년 말까지 러시아군은 대략 400만 명의 병력을 잃었다.

나태하고 무능력한 러시아 관료조직이 상황을 호전시키지 못하자 대중의 항의가 터져나왔다. 결국 비공식 의회인 젬스트보(Zemstvo)가 들어서서 처음에는 (교전 지역으로부터 유입된 엄청난 피난민들의 복지를 비롯해) 복지 분야만 처리했지만 나중에는 식량, 연료, 운송, 심지어 군사정책까지 모든 전시 행정을 총괄하게 되었다. 그러나 자발적 기구들이 환영을 받고 정부에 의해 활용된 서유럽과는 반대로, 러시아에서는 그러한 활동들이 군 관계자를 비롯한 직업 관료들과 궁정을 지배하는 귀족 분파 양쪽으로부터 깊은 반감을 샀다. 러시아 황후와 그녀의 사악한 조언자 라스푸틴 수사가 이끄는 귀족 분파는 어쨌거나 전쟁에 반대했다. 1915년 8월, 이 분파는 차르를 설득하여 그의 삼촌 니콜라이 대공을 총사령관에서 해임하고 그 자신이 명목상의 총사령관직을 차지하도록 했다. 차르가 총사령관이 되어 궁정을 비운 사이에 차리나(황후)는 정부를 장악하고 더이상 개혁을 시도하지 못하도록 방해할 수 있었다.

결과는 비극적이었다. 1916년 초가 되자 젬스트보의 성과가 나타나기 시작했다. 이제는 대포와 탄약이 풍부했고, 최고사령부는 대대적으로 개편되어, 이듬해 여름 브루실로프 장군의 대단한 승리에서 드러나듯이 새롭게 능력을 갖춰가고 있었다. 그러나 내부적으로는 모든 것이 와해되고 있었다. 수송 체계는 수송량 증가를 감당하지 못했고, 이로써 도시로 연료를, 더 중요하게는 식량을 공급하는 흐름이 무너졌다. 1915~1916년에 걸친 겨울에 러시아의 모든 도시들은 심각한 식량 부족과 연료 부족 사태를 겪었고, 수도인 페트로그라드(1914년 애국주의적 분위기 속에서 이름이 바뀐 상트페테르부르크)가 특히 심했다. 1916년에는 상황이 급속히 악화되면서 도시에서는 파업이 증가하고 시골에서는 병역 기피 현상이 만연하게 되었다. 그해 말이 되자 러시아는 통치가 불가능해졌다.

연합국에 유일한 위안은 오스트리아-헝가리 제국의 상황도 러시아와 별반 다르지 않다는 것이었다. 이중군주국(합스부르크 제국)의 유일한 이점—사실 언제나 이점으로 여겨지지도 않았다—은 독일이 직접 도움을 줄 수 있다는 것이었다. 독일의 도움이 없었다면 오스트리아는 러시아보다 더 빨리 무너졌을지도 모른다. 처음에 전쟁을 반긴 민족적—아니, 그보다는 다민족적—연대감은 오래가지 못했다. 회첸도르프의 처참한 겨울 공세 이후 1915년 봄까지 오스트리아군은 앞서 본 대로 10여 가지 언어를 사용하는 군대를 하나로 묶는 직업 장교 집단 대부분을 비롯해 200만 명이 넘는 병력을 잃었다. 군대는 오로지 독일 '고문관'들과 참모 장교들이 갈수록 많이 투입된 덕분에 굴러갈 수 있었다. 내부적으로, 헝가리인들은 점점 더 자기들 뜻대로 했고, 식량을 자급할 수 있었기 때문에 전쟁의 장기화에 별로 고통 받지 않았다. 그러나 이런 이점을 누릴 수 없었던 오스트리아인들은 식량 때문에 헝가리에 점점 더 의존하게 되었지만, 헝가리는 식량 공급을 꺼렸다. 오스트리아 경제는 연합국의 해상 봉쇄 효과로 독일 경제만큼 어려움을 겪었다. 하지만 온화하고 무능한 관료조직은 국민들의 의심스러운 충성심을 압박하는 것을 두려워하여, 포위 경제(siege economy: 전쟁이나 경제 제재 등으로 인한 고립 경제—옮긴이) 계획을 세우거나 배급제를 실시하려는 시도를 거의 하지 않았다. 빈 시민들은 심지어 페트로그라드 시민들보다 더 일찍 굶어 죽어가기 시작했다.

베르됭 전역

1915년 말까지 독일군은 어디서나 승리를 거두었지만 종전을 앞당길 수는 없었다. 군대를 지지하는 시민들의 인내심도 점차 한계에 달하기 시작했다. 군부 내에서는 힌덴부르크와 루덴도르프가 국면을 주도했지만, 베트만홀베크 수상의 지지를 받은 후방 전선의 적잖은 프롱드(fronde: '반대파'라는 의미—옮긴이)들은 팔켄하인의 해임을 요구하고 있었다. 그러나 팔켄하인은 이러한 시도를 자신의 권위를 침해하는 움직임으로 여겨 분개한 카이저의 신임을 받고 있었고, 또한 승리는 오로지 서부전선에서만 얻을 수 있다는 믿음을 견지했다. 그는 적절한 근거를 바탕으로, 자신의 주요 상대가 이제 탈진 상태에 가까운 프랑스가 아니라 영국이라고 판단했다. 영국의 병사들은 아직은 신병들로, 대부분 아직 전장에 투입되지 않았다. 또한 영국은 제해권을 통해 독일 봉쇄를 유지하고 있을 뿐만 아니라, 연합국이 갈수록 물자 공급을 의지하고 있던 미국과의 커뮤니케이션을 유지하고 있었다. 미국을 처리하기 위해 팔켄하인은 무제한 잠수함전을 촉구했는데, 이 문제는 곧 살펴볼 것이다. 그러나 육지에서는 영국의 주요 무기가 (아직 실전으로 검증되지 않은 자국 군대가 아니라) 동맹국 프랑스의 군대라고 믿었다. 만약 독일이 프랑스에 결정적 타격을 입힌다면 프랑스가 강화를 요청할 수밖에 없을 테고, 그러면 팔켄하인의 표현대로 '영국의 칼'(프랑스—옮긴이)은 영국의 손에서 떨어져나갈 것이다. 그러나 검증과 시험을 거친 서부전선의 방어 체계를 감안할 때 이것이 가능한 일일까?

팔켄하인은 자신이 동부에서 성공했던 수법에 눈길을 돌렸다. 다름 아닌 소모전이었다. 프랑스가 말 그대로 피를 모두 흘려 죽을 때까지 프랑스군을 파괴해야 한다. 그러자면 프랑스군이 도저히 상실해서는 안 될 땅을 되찾기 위해 공격을 감행할 수밖에 없게 만들어야 하는데, 문제의 땅은 베르됭 요새가 될 것이었다. 베르됭은 전략적 중요성은 없었지만 취약한 전선의 돌출부에 자리잡은, 프랑스의 위대한 군사적 영광들과 관련된 역사적 장소였다. 팔켄하인은 조프르가 베르됭을 방어하려 나설 수밖에 없다고, 혹은 그곳을 상실하면 되찾기 위해 필사의 노력을 기울일 거라고 판단했다. 독일군도 베르됭을 공격하는 과정에서 불가피하게 병력 손실을 입겠지만, 팔켄하인은 고를리체-타르노프에서 아주 성공적으로 활용된 기법들, 즉 기습과 훌륭한 작전참모 운용, 그리고 무엇보다 대규모 포격의 우위를 효과적으로 달성함으로써 아군의 손실을 최소화할 수 있으리라 믿었다. 따라서 1916년 2월 21일, 약 1,000문의 포를 동원한 9시간의 포격이 끝난 뒤 공격이 시작되었다.

팔켄하인의 예상은 들어맞았다. 조프르는 베르됭을 전략적으로 중요하지 않다고 여겨서 방어 태세를 별로 갖추지 않았지만, 정치적 압력 탓에 그곳을 포기할 수가 없었다. 방어력을 중시하는 고집 때문에 공세 지향적인 상관들에 의해 여태까지 승진이 거부되었던 필리프 페탱(Henri Philippe Pétain) 장군의 지휘 아래, 프랑스 병사들은 한 뼘의 땅까지 사수하고 빼앗긴 땅은 되찾기 위해 반격하라는 명령을 따랐다. 소모전은 양측 모두를 소모시켰다. 프랑스군은 자신들이 당한 만큼의 손실을 적에게 입혔다. 페탱은 부대를 교대시켜서 병력을 아끼려고 최선을 다했지만, 팔켄하인은 갈수록 필사적으로 병력을 투입해야만 했다. 전장을 지배한 것은 대포였다. 독일군의 공격이 마침내 중단된 6월 말이 되자 양측의 포격은 여태 어디서도 본 적 없는 악몽 같은 풍경을 만들어냈다. 끔찍하게도 여기에 독가스와 화염방사기가 난무하는 백병전의 참상이 추가되었다. 베르됭 공세로 양측은 50만 명의 병력을 잃었다. 그리고 얼마나 많은 시신들이 그 납골당 같은 땅속에 묻혀 있는지는 결코 알 수 없으리라. 베르됭은 프랑스 땅으로 남았다. 프랑스인들에게 이는 위대한 승리였지만 프랑스군을 거의 산산조각 낸 승리였다. 독일측에는 최초의 부정할 수 없는 실패였고, 군대와 국민 양측의 사기를 크게 떨어트렸다. 팔켄하인은 대가를 치렀다. 그는 8월에 해임되었고, 카이저는 충직한 루덴도르프를 대동한 힌덴부르크를 참모총장에 새로 임명했다.

솜 강 전투

이 무렵 서부전선에서는 새로운 상황이 전개되고 있었다. 우리는 이미 1915년 11월 샹티유 작전 회의에서 연합군 최고 사령부가 1916년에 유럽의 동부와 서부에서 합동 공세를 펼치기로 합의했음을 살펴보았다. 서부전선의 작전 계획은 프랑스군과 영국군 전선의 교차점인 아미앵 동쪽 솜 강 유역에서 양쪽 군대가 공격을 개시하는 것이었다. 원래 이 공세에 투입될 양군의 병력은 비슷했겠지만, 1916년 7월에 공세가 개시되었을 때 프랑스군은 베르됭에 병력이 크게 집중되어 있어서 영국군의 19개 사단에 비해 매우 적은 일선의 6개 사단밖에 안 되었다. 영국은 여기에 불평하지 않았다. 이 공세는 지난 2년간 영국의 신군이 준비해온 시험대였다. 그들의 준비 작업은 28년 뒤 노르망디 상륙작전 때의 준비 작업과 마찬가지로 꼼꼼하고 광범위했으며, 명확하게 예고된 것이었다. 공격에 앞선 일주일간의 사전 포격으로 150만 발의 포탄을 날려 보냈다. 전투 개시 전날, 헤이그 장군은 '철조망은 어느 때보다도 잘 절단'되었고 '사전 포격도 이만큼 철저하게 진행된 적은 없다'고 썼다. 그는 사전 포격이 아주 효과적이었다고 믿어서, 7월 1일 아침 '참호의 흉벽을 넘어' 진격한 12만 명의 병사 가운데 다수는 돌격을 위한 무장을 한 것이 아니라, 포격으로 이미 제압한 진지를 보강하기 위한 장비를 잔뜩 지고 있었다.

그러나 공세는 그런 식으로 풀리지 않았다. 발사된 포탄은 미숙련 노동자들에 의해 급조된 바람에 불발탄이 적지 않았다. 실제로 폭발한 경우에도 석회암 지대의 산비탈에 깊이 구축한 독일군의 방어 진지를 파괴하지 못했다. 독일군 기관총 사수들은 일제 포격이 멈추자 파괴되지 않은 진지에서 나와, 무거운 군장을 짊어진 채 석회암 지대 구릉을 가로질러 자신들 쪽으로 천천히 다가오는 연합국 병사들의 긴 대열을 향해 직사를 퍼부었다. 보병과 포병의 긴밀한 협조가 매우 중요했지만, 일단 전투가 시작되자 두 병과의 협조는 전장의 안개 속에서 와해되어버렸다. 그날 하루 동안에 2만 1,000명이 전사하거나 실종되었다.

만일 솜 강 전투가 대승리를 거두며 막을 내렸다면, 지난 2년 동안 프랑스군과 러시아군이 겪은 인명 손실보다 더 심각할 것 없는 이런 인명 손실도 승리의 대가로 받아들여졌을지도 모른다. 하지만 연합군은 대승리를 거두지 못했다. 이 인명 손실은 영국인의 집단 기억 속에서 무능력한 지도부와 무의미한 희생의 전형이 되었다. 연합국의 공격은 다음 4개월간 지속되었다. 결국 연합군은 약 16킬로미터를 전진했고 솜 강 전장은 마구 파헤쳐져 베르됭의 전장처럼 흡사 달 표면을 연상케 하는 풍경을 연출했으며, 연합군은 총 60만 명의 병력을 잃었다. 독일군의 손실 규모는 격렬한 논쟁의 대상인데, 아마도 연합군의 손실보다 조금 적었던 듯하고, 지속적인 포격 아래 독일군 병사들이 겪어야 했던 고통은 연합군의 피해 못지않게 끔찍한 것이었다. 공세의 목표가 줄곧 불명확했기 때문에—돌파구가 열릴 거라는 헤이그의 예측에 예하 지휘관들은 동의하지 않았다—연합군은 소모전의 관점에서 승리를 주장했다. 사실, 그해 말까지는 그들도 독일과 마찬가지로 소모전 말고는 전쟁에서 승리할 다른 방도를 찾을 수 없었다.

브루실로프 공세

역설적이게도 전쟁 전체를 통틀어 어찌 보면 가장 성공적인 공세를 치르며 1916년 연합군의 대공세에 기여한 주인공은 양측이 거의 무시하던 러시아였다. 1916년 3월에 러시아군은 빌나 부근의 전선 북쪽 구역을 공격했는데, 병력뿐 아니라 대포와 탄약에서도 수적 우위를 누렸음에도 불구하고 10만 명의 병력 손실을 입으며 격퇴되었다. 그러나 러시아는 6월에 알렉세이 브루실로프(Alexei Brusilov) 장군의 지휘로 갈리치아 전선에서 공격을 개시하여 동맹국에게 한 약속을 지켰다. 이 공세로, 러시아군은 오스트리아 전선을 약 32킬로미터 너비에 걸쳐 격파하고 약 95킬로미터를 진격하여 50만 명의 포로를 사로잡았다. 브루실로프의 성공은 어느 정도는 오스트리아 병사들의 낮은 사기와 오스트리아 최고사령부의 최악의 무능력, 그리고 러시아 병사들의 무한해 보이는 용기 덕분이라고 할 수 있지만, 더 중요한 사실은 작전을 수행하기 위해 많은 생각을 하고 철저히 준비했다는 것이다. 요컨대, 상세한 계획 입안, 보병과 포병의 긴밀한 협조, 초반의 성공을 놓치지 않을 예비 병력의 대기, 그리고 무엇보다도 기습의 효과를 거두기 위한 조치들을 취했다. 이는 러시아군이 마침내 전술적 교착상태에서 빠져나올 길을 찾아내기 시작했음을 의미했다.

러시아에 이 공세는 피로스의 승리(희생이 너무 커서 사실상 승리가 무의미해지는 승리를 뜻한다—옮긴이)가 될 운명이었다. 러시아군은 추가로 약 100만 명의 병력 손실을 입었고, 여기서 결코 회복하지 못했다. 그들의 성공은 발칸 반도에서 중립을 견지하고 있던 마지막 국가인 이웃 루마니아로 하여금 연합국측에 서서 참전하게 만들었다. 그러나 루마니아군은 우스울 만큼 무능했다. 그들은 오스트리아-독일-불가리아의 가을 대공세에서 급속히 패퇴했는데, 이 공세의 지휘자는 다름 아닌 독일의 팔켄하인으로, 그는 심하게 손상된 명예를 얼마간 회복할 수 있었다. 루마니아 영토는 유린되었고, 중부 세력은 매우 절실해지기 시작한 원유와 곡물 공급원을 손에 넣었다. 그래도 승리의 전망을 앞당기지는 못했다. 이제 양측에서는 갈수록 절박하게 다음과 같은 질문이 제기되었다. 승리의 전망이 보이지 않는다면 강화를 하는 게 어떤가?

제 6 장

미국이 참전하다

1917년 초의 국내 압력들

전쟁의 원래 주역들인 러시아와 오스트리아 제국은 이제 기꺼이 강화를 맺을 태세였다. 두 나라의 후방이 받는 부담은 견딜 수 없는 지경이었다. 어디서나 식량, 연료, 공산품 원자재가 부족했는데, 이는 연합국의 해상 봉쇄 때문이라기보다는 군사 경제 부문에서의 그칠 줄 모르는 수요 탓이었다. 극심한 인플레이션으로 소비재는 암시장으로 쏠렸다. 수혜자들은 군수 산업으로 폭리를 취하는 자들이었고, 그들이 뻔뻔하게 부를 과시하면서 사회적 긴장은 높아만 갔다. 농민들은 여전히 수확물을 몰래 비축하고, 물물교환 경제에 의존할 수 있었다. 그 때문에 가장 고통 받는 이들은 품질이 형편없는 물건이나마 구하려고 종종 살을 에는 추위 속에 몇 시간씩 줄을 서야 하는 도시의 노동계급과 하층 중간계급이었다. 파업과 식량 폭동이 중유럽과 동유럽 전역에서 빈발했다. 국내의 곤경과 자국 군대들이 겪는 인명 손실로 지난 2년 동안 러시아와 합스부르크 제국의 체제를 지탱해온 애국주의적 정서와 왕가에 대한 충성심은 바닥났고, 1916년 말이 되자 이 두 제국이 경쟁이라도 하듯 붕괴를 향해 달려가고 있다는 것이 분명해졌다. 86세의 노황제 프란츠 요제프의 죽음은 합스부르크 제국 자체의 종말의 전조로 여겨졌다. 그의 뒤를 이은 젊은 카를 황제는 프랑스와 강화 조건을 논의하려고 즉시 '비공식 교섭 통로'를 열었다. 독일의 영향력은 오스트리아의 전쟁 수행 노력을 지탱할 뿐 아니라 강화 노선을 억누를 만큼 여전히 강력했다. 그러나 3개월 뒤 1917년 2월에 페트로그라드의 식량 폭동이 걷잡을 수 없이 번져나가 니콜라이 2세 체제를 무너트렸을 때 서방의 동맹국들은 그에게 아무런 도움도 줄 수 없었다.

서방의 동맹국들은 아직 강화를 받아들일 준비가 되어 있지 않았다. 첫째로, 효율적이고 대체로 부패하지 않은 관료조직을 통해 시민 생활에 심각한 궁핍을 안겨주지 않을 정도로 경제를 잘 이끌어나갈 수 있었다. 둘째로는 제해권을 장악한 덕분에 서반구의 식량과 원자재에 접근할 수 있었다. 그에 따른 구입 대금을 어떻게 지불하느냐를 둘러싸고 나중에 커다란 문제가 일어나지만 당분간 신용은 충분했다. 물론 영국과 프랑스에서는 전쟁 피로감이 쌓여가고 있었다. 전쟁 전의 국제적 연대의식은 애국주의적 열정에 의해 잠시 밀려났지만, 이제 두 나라의 사회주의자들은 타협에 의한 평화를 주장하기 시작했다. 하지만 아직은 소수파에 불과했고, 정치적 불만은 전쟁 자체보다는 전쟁 수행 방식에 쏠렸다. 두 나라에서 민간 자원의 동원 증대는 전쟁 수행에 대한 민간의 개입 증가로 이어졌다. 프랑스의 경우 베르됭에서의 막대한 희생이 조프르의 오판 탓이라고 여겨져, 정치적으로 더 용인될 수 있는 로베르 니벨(Robert Nivelle) 장군으로 교체되었다. 영국에서 헤이그의 입지는 솜 강 전투에서의 인명 손실에도 불구하고 여전히 굳건했지만, 불만에 찬 대중은 다소 방만한 애스키스 행정부에서 표적을 찾았다. 1916년 12월에 애스키스 총리는 데이비드 로이드 조지로 교체되었다. 그는 '보통 사람'이자 전쟁 수행을 떠받치는 민간 기반시설을 만들어냈다는 정당한 평가를 받을 수 있는 사람, 그리고 타고난 전시 지도자로서 카리스마가 있는 인물이었다. 1916년 말에 영국과 프랑스의 전반적 분위기는 강화를 지지하기보다는—독일군이 벨기에와 프랑스 북동부에 계속 있는 한은 확실히—전쟁을 더 효율적으로 수행하기를 바라는 쪽이었다.

독일 군부 지도자들도 마찬가지였다. 프랑스와 영국에서는 군사적 실패로 민간 부문이 지도력을 발휘하게 된 반면, 독일에서는 군사적 성공들, 특히 동부전선에서의 승전들로 힌덴부르크와 루덴도르프의 명성이 한없이 높아져, 1916년 8월에 총사령관 팔켄하인을 교체했을 때 두 사람은 군부뿐만 아니라 사실상 나라까지 장악했다. 그러나 비록 팔켄하인은 자리에서 쫓겨났지만 그의 발상은 승리를 거두었다. 베르됭과 솜강 전투의 경험은 전쟁의 성격이 근본적으로 변했음을 후임자들에게 납득시켰다. 전쟁은 더이상 더 우월한 군사적 능력과 사기에 의해 전장에서 결판나는 무력충돌이 아니라, 산업사회 간의 지구력 싸움이었고, 여기서 병력 통제는 생산 관리 그리고 가용 자원의 배치와 매끄럽게 결합했다. 민간인은 군부만큼 전쟁 수행의 본질적 일부였고, 따라서 논리적으로는 군의 통제를 받아야 했다. 최고사령부는 산업계와 노동계를 통제하기 위해 최고전쟁성(Oberstekriegsamt)을 창설하고, 전국민을 징집할 수 있는 보조병역법(Helfdienstgesetz)을 통과시켰다. 군부는 사실 민간 관료조직에 대응하여 국가 운영을 놓고 그들과 경쟁하는 일종의 그림자 관료조직을 만들어냈다. 군인은 관료가 되었다. 그들은 또한 정치가가 되었다. 루덴도르프의 부하들은 1914년 9월 강령에서 처음 제시된 득의만만한 전쟁 목표—벨기에와 프랑스 북부의 영구 지배와 더불어 폴란드와 동부 점령 지역 영토의 광범위한 합병—의 달성을

8. 힌덴부르크와 루덴도르프: 전시 독일의 두 지배자.

요구하는 선동을 조장했다.

그렇게 함으로써 그들은 독일 사회를 분열시키기 시작한 긴장을 심화시켰다. 도시 노동계급 사이에서 득표력을 발휘하는 독일 사회민주당은 여전히 전시 국채에 대한 결정권을 갖고 있는 제국의회에서 가장 강력한 정당이었다. 1914년에 사민당은 러시아의 침공에 맞선 방어전으로 그려진 전쟁을 지지하도록 설득당했다. 이제 러시아는 확실하게 패배했다. 노동계급의 연대는 노동조합과 협조하는 군부의 영리한 정책과 전쟁 관련 산업에서의 후한 임금으로 금이 갔지만 '병합이나 배상금 없는' 강화를 바라는 목소리가 높아갔고, 식량 부족으로 이미 폭동이 일어나고 있는 도시에서 그러한 주장은 지지를 얻고 있었다. 1916년 가을의 감자 흉작으로 도시 빈민층은 그해 겨울 내내 주로 양배추에 의지해 간신히 연명할 수밖에 없었다. 베르됭과 솜 강에서 끔찍한 인명 손실—150만 명이 전사하거나 부상을 당했다—을 겪어, 독일의 민간과 군부의 사기는 큰 타격을 받았다. 최고사령부가 독일 경제에서 얼마나 많은 생산성을 짜내든 간에 독일 국민들이 이듬해에 전쟁을 지지할지는 갈수록 의심스러웠다.

무제한 잠수함전

이러한 배경 속에서 독일 정부는 무제한 잠수한전에 의지해 적의 산업력을 떠받치는 근간을 파괴하겠다는 중대한 결정을 내리게 된다. 그들은 자신들이 위험을 무릅쓰고 있다는 사실, 즉 미국을 전쟁에 끌어들이게 될지도 모른다는 사실을 알고 있었으나, 미국의 참전이 실질적 효과를 보일 때쯤이면 전쟁은 이미 자신들의 승리로 끝났으리라고 계산했다. 한 독일 정치인이 표현한 대로 그 작전은 독일의 마지막 패였다. "그것이 으뜸패가 아니라면 우리는 영원히 끝장이다." 그의 생각은 그리 틀리지 않았다.

1914년에 잠수함의 잠재력을 이해하는 해군은 거의 없었다. 초창기의 휘발유 추진형 잠수함은 항속 거리가 짧아서 연안 방어에만 적합했고, 전쟁 직전에 디젤 추진 엔진을 단 모델이 나왔을 때도 잠수함은 기본적으로 '잠수 가능한 탈것', 즉 수면에서는 적의 공격에 극히 취약하고 매우 제한된 잠항 능력만 보유한 것에 불과했다. 잠수함의 잠재적 살상력은 앞서 본 대로 전쟁이 발발한 지 단 몇 주 만에 독일 잠수함 1척이 영국해협에서 방심하고 있던 영국 순양함 3척을 침몰시켰을 때 입증되었다. 전함은 정당한 표적으로 간주되었다. 그러나 무장하지 않은 상선은 그렇지 않았다. 약 3세기 동안 무역 전쟁을 거치면서 유럽의 해양 국가들은 전시 공해상의 상선 취급에 관한 정교한 규칙을 발전시켰다. 교전국은 그런 상선들을 정지시켜 '전시 금제품', 즉 전쟁 물자를 수색할 권한이 있었다. 만약 그런 화물이 발견되면 해당 선박은 가장 가까운 항구로 호송되어야 하고, 그 항구에서는 '포획심판소'가 문제의 화물이 금제품인지 판정하여 금제품인 경우 몰수할 수 있었다. 어떤 이유로든 이런 절차를 거칠 수 없을 경우, 선박은 현장에서 파괴될 수도 있었지만, 반드시 승객과 승조원들을 먼저 안전한 장소로 옮긴 뒤에 파괴해야 했다. 그러나 잠수함의 경우에는 이런 절차를 지킬 수 없었다. 잠수함에는 나포한 선박을 조종할 예비 승조원이나 나포한 선박에서 붙잡은 사람들을 수용할 공간이 없었다. 목표물에 공격을 경고하기 위해 수면으로 부상하면 잠수함은 목표물이 장착하고 있을지 모를 무기에 취약했고, 선박에서 보낸 무선통신으로 자신들의 위치가 즉각 노출될 위험도 컸다. 그러나 경고도 없이 또 승조원을 구조하지 않고 선박을 침몰시키는 행위는 전전의 해군 전략가들에게는 '있을 수 없는' 일이었다.

그럼에도 불구하고 해상 봉쇄는 해양 국가들이 벌이는 전쟁에서 언제나 중심적이었고, 산업화의 도래로 그 중요성이 어느 때보다도 부각되었다. 농업 사회 간의 전쟁에서 해상 봉쇄는 오로지 무역만을 망가트릴 수 있었고, 전쟁을 이어갈 수 있게 하는 국가의 부를 파괴할 수 있었다. 사람들은 여전히 식량은 자급할 수 있었다. 그러나 산업사회, 특히 영국이나 독일 같이 극도로 도시화된 사회에 대한 해상 봉쇄는 무역을 교란시켜 재정 혼란을 초래하는(그렇다고 여겨졌다) 것만이 아니라 수입 식량을 앗아가 도시 주민을 기아 상태로 내몰았고, 수입 원자재도 앗아가 산업을 파괴할 수도 있었다. 이것이 전전 영국의 전략가들과 공보 담당자들이 '제해권' 상실의 의미를 숙고할 때 시달려온 악몽이었다. 이는 또한 영국 해군성이 대륙에 대규모 군사 개입을 할 필요 없이 독일을 굴복시키길 바라며 기대한 무기였다.

1916년이 되자 영국에 의한 해상 봉쇄는 바라던 바를 충족시키고 있었다. 독일은 주변 중립국—네덜란드, 덴마크, 스칸디나비아 국가들—을 통해 물자를 수입할 수 있었고, 앞에서 보았듯이 독일의 과학자들은 섬유와 고무, 설탕, 그리고 특히 폭약이나 인공 비료에 필요한 질산염과 같은 극히 중요한 수입품의 대체재를 개발해냈다. 그럼에도 불구하고 독일이 받는 압박은 문자 그대로 치명적이었다. 여성과 유아 사망률은 50퍼센트 가까이 증가했고, 구루병이나 괴혈병, 결핵 같은 영양 결핍 관련 질병이 만연했다. 전쟁 말 독일의 공식 통계는 해상 봉쇄에 의한 직접적 사망자 수를 73만 명으로 추산했다. 이 수치는 과장되었을 것이다. 각종의 결핍은 사실 군사 부문의 과대한 수요에서 기인한 경제 왜곡의 결과였다. 그러나 독일 정부는 선전을 통해 시민들이 겪는 모든 어려움을 영국의 잔혹성 탓으로 돌릴 수 있었다. 그렇다면 영국인도 똑같이 고통을 겪어야 하지 않겠는가?

영국인도 똑같이 고통을 겪게 만드는 일은 가능할 뿐 아니라 대부분의 독일인이 보기에 전적으로 정당한 처사였다. 영국은 1914년 11월에 북해 전역을 (중립국 선박은 영국 해군의 허락 아래서만 항행할 수 있는) '교전 수역'으로 선포하면서 국제법을 위반하지는 않았더라도 지나치게 확대 적용한 바 있었다. 독일은 이듬해 2월에 영국 제도로 접근하는 모든 항로는 교전 수역이며 모든 적국 상선을 '승선자와 화물의 안전을 보장하지 않고' 파괴할 것이라고 선포함으로써 보복했다. 3개월 뒤 영국은 소유주가 누구든 목적지가 어디라고 주장하든 독일로 향한다고 의심되는 모든 선박을 나포하고 화물을 몰수하겠다고 밝혀 상황을 더 악화시켰다. 사실상 중립국의 권리나 전시 수출 금제품의 법적 정의와 상관없이 독일과의 모든 교역을 완전히 봉쇄하겠다는 선언이었다. 이같은 발표는 100년 전에도 정확히 이와 똑같은 쟁점을 놓고 영국과 전쟁까지 벌였던 미국에서 엄청난 항의를 불러일으켰다. 그러나 이 발표가 실행에 옮겨지기도 전인 1915년 5월 6일, 독일의 잠수함(U보트)이 뉴욕에서 출항한 영국의 호화 정기 여객선 루시타니아 호를 아일랜드 남쪽 앞바다에서 격침시켰다. 루시타니아 호는 확실히 탄약이라는 수출 금제품을 싣고 있었고, 뉴욕 주재 독일 영사는 루시타니아 호 승선은 위험을 무릅쓰는 일이라고 미국 시민들에게 경고했었다. 그럼에도 불구하고 미국인 승객 128명은 배를 탔고, 그들 대부분이 1,000명이 넘는 동승자들과 함께 사망했다.

루시타니아 호의 침몰이 세계 여론에 미친 충격은 3년 전 타이타닉 호의 침몰에 비견될 만했고, 영국의 선전에 의해 독일의 '무서움'의 또다른 사례로 최대한 활용되었다. 이제 미국 여론을 얻기 위한 싸움에서 독일이 크게 불리하다는 것은 분명했다. 영국의 해상 봉쇄가 미국인들에게 금전적 손해만 끼치는 반면, 독일은 미국에 인명 피해를 입혔다. 8월에는 또다른 여객선 애러빅 호가 침몰했다. 비록 미국인 승객의 인명 피해는 단 2명에 불과했지만 미국인들의 항의가 아주 거세져서, 독일 해군은 잠수함 함장들에게 선박이 눈에 들어오는 즉시 격침시키는 것을 금지하고, 대서양과 영국해협에서 작전중인 잠수함을 모조리 철수시켰다. 이는 독일 잠수함 함장들이 '순양함전(cruiser warfare)'의 규칙에 따라 임무를 수행해야 한다는 의미였다. 그러자면 의심이 가는 선박(흔히 무장을 하고 있었고 심지어 무장하지 않은 중립국 선박으로 위장한 영국 전함일 수도 있었다)을 확인하고 정지시키기 위해 수면으로 부상해야 하고, 선박을 침몰시키기 전에 승객과 승조원들이 안전하게 구명보트에 오르는 것을 확인해야 하므로 목표물이 된 선박이 선박과 공격 잠수함의 위치를 무선통신으로 알릴 시간을 벌어주는 셈이었다. 그렇다 하더라도 독일 잠수함이 초래한 손실은 심각했다. 1915년 말까지 독일 잠수함은 총 88만 5,471톤분의 연합국 선박을 침몰시켰고, 1916년 말까지 추가로 123만 톤분을 침몰시켰다. 영국 해군은 속수무책인 듯했다. 만약 독일 유보트의 손이 묶여 있지 않다면 그들은 과연 어디까지 할 수 있을 것인가?

독일 해군 참모부는 전문가들을 모아 이 문제를 연구하도록 하여 몇 가지 놀라운 연구 결과를 얻었다. 그들은 영국이 어떠한 용도로든 이용할 수 있는 선박이 800만 톤분밖에 안 된다는 결론을 내렸다. 만약 독일 잠수함이 영국 선박을 격침시키는 것을 한 달에 60만 톤분으로 늘리고 중립국 선박이 겁을 먹고 영국에 접근하지 않게 된다면, 6개월 안으로 영국은 곡물이나 고기 같은 필수 식량이 바닥날 것이다. 영국의 석탄 생산량은 갱도 버팀목으로 쓰는 스칸디나비아산 목재가 부족하여 큰 타격을 받을 것이다. 이는 철과 강철 생산의 감소로 이어지고, 이로써 침몰된 선박을 대체할 선박의 건조 능력을 감소시킬 것이다. 이런 보고에 따르면 미국이 참전을 하든 안 하든 6개월 안으로 영국의 항복은 통계상으로 확실했다.

심지어 이같은 계산 결과를 알 리 없는 많은 독일인들에게도 이제 무제한 잠수함전을 뒷받침할 근거가 확실해 보였고, 1916년 후반 내내 이 문제를 둘러싼 공개 논쟁이 벌어졌다. 한편에는 해군과 최고사령부, 그리고 정치적 우파 세력이 있고, 다른 한편에는 외무성, 베트만홀베크 수상, 그리고 제국의회의 사회민주당이 있었다. 베트만홀베크는 통계 결과를 신뢰하지 않았다. 그는 무제한 잠수함전이 미국을 참전시키는 결과를 낳고, 미국이 참전하면 분명히 독일이 패배할 거라고 확신했다. 그는 강화 외에는 다른 대안을 찾을 수 없었다. 그리고 최고사령부가 고려할 생각이 있는 유일한 강화 조건은 연합국이 절대 수용하지 않을 조건이었다.

강화 노력의 실패

미국 대통령 우드로 윌슨은 전쟁이 발발한 이후 줄곧 교전국들에게 강화를 촉구했다. 미국의 여론은 동해안의 지배 세력인 '와스프'(WASP: 백인 앵글로-색슨 프로테스탄트)와 영국 지배계급의 사회적 유대로 강화된 이데올로기적 이유에서 대체로 연합국에 우호적이었다. 전직 대통령 시어도어 루스벨트가 주도하는 세력은 민주주의 국가 편에 서서 즉시 개입하라고 정부를 강력히 압박했다. 중부 세력에 대한 동조는 미약했고, 벨기에에서의 행동, 독가스 사용, 해상에서의 무자비한 전쟁 수행 방식으로 인해 독일에 심어진 군국주의적 괴물이라는 이미지가 연합국의 선전에 의해 크게 부각되면서 상황을 전혀 개선하지 못했다. 그러나 영국도 모든 미국인들에게 인기가 있는 것은 아니었다. 동부 도시들에 거주하는 상당수 아일랜드계 주민과 그보다 서쪽 지역에 거주하는 독일계 주민 공동체에서는 영국이 인기가 없었다. 또한 영국을 자연스러운 우방이 아니라 전통적 적수로 보면서, 미국과 이미 두 차례 대규모 전쟁을 벌인 바 있고 만일 미국이 세계 강국의 지위를 확보하려 한다면 또다시 맞서 싸워야 할지도 모르는 나라로 여기는 사람들이 많았다. 그러나 여전히 미국인들의 압도적 다수는 자신들이 신경쓸 일이 아니라고 여긴 이 전쟁에 개입하지 않는 쪽을 선호했다. 그럼에도 불구하고 전쟁이 계속되면서 미국은 연합국에 점점 더 많은 전쟁 물자를 공급하게 되었다. 왜냐하면 반드시 이데올로기적으로 연합국에 동조해서가 아니라 독일에는 접근할 수 없었기 때문이다. 만약 이런 무역이 가로막힌다면, 싫든 좋든 전쟁에 신경을 써야 할 터였다.

1916년 말까지 윌슨 대통령의 주요 관심사는 미국이 전쟁에 개입하지 않게 하는 것이었다. 그러나 전쟁이 길어질수록 이는 점점 힘든 일이 되었다. 그의 문제는 심한 압박을 받고 있는 연합국이 강화에 나서도록 설득하는 일이 아니었다(이것

9. 미국의 윌슨 대통령: 평화의 창도자.

은 연합국에 신용과 물자 공급을 차단할 경우 언제든 가능했다). 그보다는 승승장구하는 독일을 어떻게 설득할지가 문제였고 어쨌거나 독일은 미국의 물자를 공급받고 있지도 않았다. 1915년과 1916년 내내 윌슨의 개인 특사이자 친영파인 에드워드 하우스(Edward House) 대령은 강화 가능성을 모색했지만, 독일군은 여전히 아주 잘 나가고 있었고 연합국은 최종적으로 자신들이 승리하리라 확신했기 때문에 양측 모두 강화를 고려하지 않았다.

1916년 말이 되자 상황은 변하고 있었다. 11월에 윌슨은 재선에 성공했고, 그의 개인적 의향과 정부의 공식 정책은 여전히 참전 반대였지만 고립주의자들에 맞선 윌슨의 입지는 강화되었다. 유럽에서는 강화를 바라는 압력이 강해져 어느 교전국 정부도 무시할 수 없는 수준이었다. 루덴도르프마저도 동맹국 오스트리아의 곤경과 '병합이나 배상금 없는' 강화를 부르짖는 제국의회 내의 요구를 고려해야 했다. 재선 직후 윌슨은 각기 강화 조건을 표명하도록 교전국들에게 요청했다. 연합국은 미국의 동조를 끌어낼 수 있으리란 점을 잘 알고 있었기에 이같은 요청에 기꺼이 응했다. 연합국의 강화 조건은 무엇보다도 벨기에와 세르비아의 독립 회복과 양국이 점령으로 입은 피해에 대한 온전한 배상이었다. 여기에 연합국은 '과거에 연합국으로부터 강제로 빼어간 영토나 지방의 반환'도 요구했다. 이것은 분명 프랑스령이었던 알자스-로렌 지방의 반환을 의미했는데, 어쩌면 다른 영토들도 포함될 수 있었다. 연합국의 조건에는 이탈리아인과 슬라브족, 루마니아인, 체코인, 그리고 슬로바키아인이 합스부르크 제국의 지배로부터 해방되어야 한다는 것도 포함되었다(이탈리아가 런던 조약에 의해 광범위한 슬라브족 영토를 약속받았다는 사실은 언급되지 않았다). 연합국은 또 폴란드의 독립이 승인되어야 한다고 주장했다(차르는 연합국의 강한 압력에 못 이겨 이미 러시아령 폴란드를 양보한다는 조건을 수용한 상태였다). 마지막으로, 비록 어떤 방식으로 분할될지는 구체적으로 명시하지 않았지만, 오스만 투르크 제국은 해체되어야 한다고 규정되어 있었다.

반면 독일 최고사령부가 원한 강화 조건은 너무 극단적이라, 베트만홀베크는 단지 미국 내 여론뿐 아니라 제국의회에 끼칠 영향이 두려워 그 조건을 차마 공개할 수가 없었다. 그는 이 정도가 자신의 동료들을 납득시킬 수 있는 최선의 조건이라고 설명하면서 비밀리에 윌슨에게 다소 순화된 버전을 전달했다. 독일측이 내민 조건에 따르면 벨기에는 완전히 합병되지는 않겠지만 주권국가로서의 독립성은 정치적·경제적·군사적 보장에 달려 있어 사실상 독일의 보호국이나 다름없게 된다. 또 알자스-로렌 지방은 계속 독일이 영유할 뿐만 아니라 프랑스는 이웃한 브리에의 철광석 산지도 내놓아야 한다. 동유럽에서는 폴란드와 발트 해 연안 지역에 대한 게르만화를 계속 이어갈 독일 보호국들이 수립될 것이다. 발칸 반도에서는 오스트리아의 지배가 회복되어야 하고, 아프리카에서는 식민지들이 할양되어야 한다. 만약 독일이 전쟁에서 승리했다면 이 정도가 연합국이 기대할 수 있는 최상의 조건들이었을 것이다. 반대로 독일이 패했다면 연합국이 내건 조건에도 같은 말을 할 수 있었을 것이다. 그러나 어느 쪽도 아직 패하지 않았다. 전쟁에 대한 피로에도 불구하고 각국 정부는 유일하게 가능한 조건 아래 강화를 하느니 계속 싸울 작정이었다.

제국의회를 진정시키기 위해 독일 정부는 1916년 12월 12일 '강화에 관한 각서'를 발표했다. 각서에는 기꺼이 강화를 원한다는 일반적 의향이 표명된 반면 구체적인 전쟁 목표들은 명시되지 않았고, 호전적 어조 때문에 연합국은 쉽사리 즉각 거부라는 결론을 내릴 수 있었다. 이 거부 의사는 독일 최고사령부에 필요한 구실을 제공했다. 최고사령부의 결정은 1917년 1월 9일에 내려졌지만, 워싱턴 주재 독일 대사는 1월 31일에 가서야 영국 제도로 접근하는 모든 선박에 대한 무제한 잠수함전이 이틀날부터 개시될 것이라고 통보했다.

윌슨은 즉각 독일과의 국교를 단절했다. 하지만 아직 선전포고를 하지는 않았다. '무장 중립', 즉 미국이 자국 선박을 무장시키고 보호하는 것이 유일하게 가능한 대안인 듯했다. 그러나 독일 정부는 이제 미국과의 전쟁이 불가피하다고 전제했다. 이에 따라 독일 외무상 아르투어 침머만(Arthur Zimmerman)은 이미 1월 16일에, 미국과 이따금 적대 행위를 주고받는 상태에 있던 멕시코 정부에 전보를 보냈다. 전보의 내용인즉, '멕시코가 (미국에 상실한—옮긴이) 텍사스와 뉴멕시코, 애리조나 영토를 회복하는 것으로 이해하고 독일측의 아낌없는 재정 지원과 함께 두 나라가 공동으로 전쟁을 수행하고 공동으로 강화를 맺는' 동맹을 제안하는 것이었다. 영국은 이 전보가 발송되자마자 가로채 이 놀라운 내용을 해독했지만, 2월 24일에 가서야 윌슨에게 누설했다. 영국 쪽에서 조작한 전보일지도 모른다는 자연스러운 의혹은 자신이 작성자임을 솔직하게 인정한 침머만 본인에 의해 해소되었다.

미국 내 반응, 특히 그때까지 고립주의적이었던 서부의 반응은 결정적이었다. 선박 몇 척이 더 격침되자 윌슨은 의회에 선전포고를 요청하는 것 외에 다른 대안이 없음을 확신하게 되었다. 1917년 4월 5일, 윌슨은 의회에 선전포고를 요청했다. 윌슨이 몇 달 전에 제안한 것과 같은 '승리 없는 평화(Peace without victory)' 이야기는 이제 나오지 않았다. 이 전쟁은 그의 말대로 '민주주의를 위한, 자신들의 정부에 목소리를 내고자 권위에 복종하는 사람들의 권리를 위한, 약소국들의 권리와 자유를 위한, 모든 나라에 평화와 자유를 가져오고 또 세계

자체를 자유롭게 할 자유로운 국민들의 화합에 의한 정의의 보편적 지배를 위한' 십자군 전쟁이 될 터였다. 이는 존경스러운 의도이긴 했지만, 3년 전에 유럽 사람들이 전쟁에 나설 때 품은 의도와는 매우 달랐다.

제 7 장

1917년:
위기의 해

서부전선에서의 전술적 발전

미국이 참전했음에도 불구하고 연합국이 패배에서 벗어날 수 있을지는 여전히 의문의 여지가 있었다. 그리고 1917년이 흘러가면서 이는 갈수록 의심스러워 보였다.

루덴도르프는 독일군의 인명을 더이상 허비할 생각이 없었다. 그는 잠수함(U보트)의 공세가 기대를 충족시킬 때까지 서부전선에서 수세를 취하기로 했다. 솜 강 전장을 둘러본 그는 경악했다. 팔켄하인의 방침은 어떠한 희생을 치르더라도 한 치의 땅도 내주지 않는 것이었다. 그 결과 베르됭과 솜 강 유역에서 독일군이 입은 피해는 적어도 그들을 공격한 측에 비견될 만했다. 독일군 전선이 프랑스 영토 깊숙이 들어가 있다는 사실을 고려할 때 방어면에서 얼마간의 유연성은 퍽 타당해 보였다. 루덴도르프는 그토록 처절하게 방어해왔던 솜 강 유역의 전장을 모두 포기하면서, 아라스와 수아송 사이의 전선 돌출부로부터 후방으로 40킬로미터 정도 물러난, 더 짧고 충분히 강화된 '힌덴부르크 선(Hindenburg Line)'—영국군이 붙인 명칭이다—까지 총퇴각하라고 명령했다. 이 과정에서 독일군은 모든 주거를 불태우거나 폐허로 만들고 가축을 도살했으며 우물에 독을 풀었다. 이는 동부전선에서는 흔한 일이었지만, 이제는 서구의 눈에 비친 독일의 야만적 이미지만 확인해주는 행위였다.

새로운 방어선은 새로운 원칙에 따라 구축되었다. 이제는 병사들을 적의 포격에 쉽사리 노출되도록 전방 참호에 몰아넣지 않았다. 참호선은 기관총을 거치한 콘크리트 '사격 진지'가 널찍하게 떨어져 배치된 방어지대로 대체되었다. 주위를 철조망으로 에워싼 사격 진지는 미리 조준된 대포의 엄호를 받았다. 보병의 다수는 반격 태세를 갖추고 적 화기의 사정거리에서 벗어난 뒤쪽에 배치되었다. 그리고 적진과 가까운 이 방어지대 뒤쪽에 어떠한 돌파도 불가능하다 싶을 만큼 두텁게 배치된 방어지대들이 있었다. 그러한 종심 방어지대는 방어에 필요한 병력을 줄일 수 있었고,적의 포탄은 대체로 탁 트인 공간에 떨어져 보병의 공격에 장애물만 추가할 뿐이었다.

그러한 방어에 대한 공격측의 대응은 이미 전년도 동부전선의 브루실로프 공세에서 모색된 바 있다. 즉 선택된 목표 지점에 대한 단시간의 철저한 집중 포격과 뒤이은 보병의 공격, 그리고 적의 방어 거점들 사이로 침투하여 적의 후방을 교란하기 위해 전방에서 대기중인 예비 병력이었다. 프랑스군도 이와 유사한 공격 방식을 전부터 생각하고 있었다. 프랑스군의 새로운 총사령관 니벨은 베르됭에서 그런 작전으로 얼마간 성공을 거두었고, 이를 더 큰 규모로 시도해보고자 했다. 그러나 이미 와해 직전이었던 오스트리아-헝가리 제국 군대에 통했다고 해서 반드시 독일군한테도 통할 리 없었고, 영국군은 훨씬 더 조심스러웠다. 영국은 무한궤도식 장갑차, 즉 '탱크'를 개발중이었고, 솜 강 전투에서 몇 대를 시험해봤다. 그러나 초기 모델들은 너무 굼뜨고 기계적 결함이 많아서, 탱크를 열성적으로 옹호하는 이들만이 탱크가 보병의 공격을 도와 적의 제1방어선을 돌파하는 임무 이상을 해낼 수 있을 것으로 기대했다. 영국군의 전술적 독트린은 다른 노선을 따라 발전하고 있었다. 영국군에게 이제 '전장의 꽃'은 대포였다. 1917년에 이르자 그들은 믿음직한 대포와 탄약을 다량으로 보유하고 있었다. 항공 관측을 통해서든 음원 탐지나 섬광 측정을 통해서든 관측 기술이 향상되어 이제 적의 포대에 대한 정밀 조준 타격도 얼추 가능했다. 지도 제작과 항공 촬영, 기상 분석 등에서 기술이 향상된 덕분에 이제 포수는 시험 사격 때문에 기습의 효과를 상실하지 않고도 지도상의 표시만 보고 목표를 겨냥할 수 있었다. 즉발신관과 독가스탄이나 연막탄은 보병 공격시 전장을 통행 불능의 지형으로 망가뜨리지 않으면서도 적에게 치명적인 집중 포화를 제공했다. 마지막으로 영국군 포병은 '이동 탄막 사격' 기술을 완벽하게 연마해왔다. 이는 포격에 의한 탄막을 서서히 적진에 근접시켜가는 것으로, 보병은 그 뒤에서 엄호를 받으며 적 진지에 수 미터 이내로 접근하여 돌격할 수 있었다.

문제는 이 모든 움직임이 매우 정확한 타이밍과 정교한 참모 업무를 요구한다는 것이었다. 보병들은 경기관총과 수류탄, 참호에 설치한 박격포가 자신들의 주력 무기인 소총을 대체하기보다는 보완하는 가운데 참호전에 점차 적응해나갔다. 그러나 보병의 행동은 포병들의 요구와 예정표에 의해 결정되는 엄격한 틀에 갇혀 있었고, 포병과의 연락 체계는 여전히 원시적이었다. 게다가 일단 전투가 시작되면 그런 연락마저 단절되었다. 그리고 일단 최초의 목표 지점을 확보하고 나면, 비록 물리적으로 앞으로 이동시키지는 않는다 해도 다음 목표를 타격하기 위해 포를 다시 조준해야 했다. 그 결과 영국군 최고사령부는 '베어 문 다음 지키기(bite and hold)'라고 알려지게 되는 기법을 발달시켰다. 제한된 목표 지점을 겨냥해 세심하게 준비된 공격을 가한 뒤 다음 단계의 공격을 준비하는 동안 확보한 지점의 방어를 강화하고 지키는 것이었다. 이같은 제약 내에서 이 전법은 매우 성공적이었다. 그러나 헤이그 장군이 여전히 꿈꾸던 '돌파'를 달성하는 데는 별로 쓸모가 없을뿐더러 이제 독일군 내에서는 흔히 볼 수 있었던 하급 지휘관의 재량권을 저해했다.

1917년 봄 연합군의 대공세

이같은 기법들을 이용함으로써 연합군 최고사령부는 1917년 공세에서 전년도의 참사들이 되풀이되지 않기를 바랐다. 그러나 베르됭과 솜 강 전투에서 입은 인명 손실로 프랑스와 영국 양 정부가 군사 지도자들에게 품어왔던 신뢰는 약화되었다. 조프르는 앞서 본 대로 니벨로 교체되었다. 로이드 조지는 헤이그를 감히 경질할 수는 없었지만 기만적인 술수를 써서 헤이그를 프랑스군의 지휘 아래 두었다. 이 일로 틀어진 영국의 군 지도부와 민간 지도부의 관계는 결코 회복되지 못했다. 니벨의 낙관적 전망에 동료 장군들은 동의하지 않았다. 그의 정치적 버팀대는 아리스티드 브리앙(Aristide Briand) 총리의 실각으로 약해졌고, 후임 총리들은 니벨의 군사작전에 별다른 믿음을 보이지 않았다. 4월 16일, 니벨이 엔 강 너머 슈맹데담의 숲이 우거진 고지대를 향해 대대적으로 예고한 대공세를 개시했을 때, 여건은 이보다 더 나쁠 수 없었다. 독일군은 사전에 충분한 경고를 받았다. 프랑스군의 계획은 독일군이 힌덴부르크 선으로 퇴각함으로써 이미 틀어졌다. 게다가 날씨도 끔찍했다. 기대된 돌파 대신 열흘 동안 수 킬로미터를 고통스럽게 전진한 뒤 공격은 중단되었는데, 그때까지 프랑스군의 사상자는 13만 명이 넘었다. 니벨은 베르됭의 영웅 페탱으로 교체되었지만, 프랑스군 병사들은 이미 참을 만큼 참은 상태였다. 프랑스군은 무너졌는데, 이는 온전한 반란이라기보다는 부대 전체가 명령에 불복종하고 전선으로 복귀하기를 거부하는, 민간의 파업에 가까운 상태였다. 페탱은 엄중한 처벌은 최소화한 채, 대체로 부대의 여건을 개선하고 대규모 공세 작전을 자제하는 방식으로 부대를 재정비했다. 하지만 서부전선에서 프랑스군은 그해의 남은 기간 동안 별다른 기여를 할 수 없었다.

영국군은 더 나았다. 적어도 처음에는 그랬다. 엔 강 너머로 프랑스군의 공세가 개시되기 일주일 전, 영국군은 그보다 동쪽의 아라스를 공격했다. 캐나다 병사들이 유리한 고지인 비미 능선(Vimy Ridge)을 확보하면서 공격 작전의 첫 국면은 멋지게 성공했다. 헤이그는 다시금 돌파구가 열리기를 희망했지만 독일군의 새로운 방어선에 좌절했다. 영국군의 공세는 점차 둔화되어, 추가로 13만 명의 병력을 잃고 결국 5월 말에 중단되었다. 그러나 헤이그의 의중에 공격의 중단은 있을 수 없었다. 이때가 되자 프랑스군만이 아니라 러시아군도 전투력을 상실한 상태였다. 미국의 실질적인 지원도 1년 후에나 기대할 수 있었다. 최악은 따로 있었다. 독일의 잠수함 작전이 성공하고 있는 듯했던 것이다. 당시 어느 우스갯소리의 표현대로 "문제는 영국 해군이 패배하기 전에 영국 육군이 전쟁에서 이길 수 있느냐 하는 것이었다".

해전과 공중전

처음에 무제한 잠수함전은 독일 해군이 기대한 모든 결과를 달성하는 듯했다. 그들이 목표로 삼은 1개월간의 격침 톤수는 기존의 2배인 60만 톤이었다. 그들은 3월에 이 목표를 달성했다. 4월에 독일 잠수함은 총 86만 9,000톤분의 선박을 침몰시켰다. 그때가 정점이었다. 격침 톤 수는 여름 내내 60만 톤쯤을 맴돌다가 8월에 50만 톤으로 떨어졌고, 1917년 말에는 30만 톤까지 떨어졌다. 이유가 무엇일까?

가장 분명한 이유는 연합국에 의한 호송선단 시스템의 도입이었다. 원래 영국 해군성은 무엇보다 선박들을 호위할 만한 구축함이 충분하지 않기 때문에 이 시스템은 실행 불가능하다고 밝혔다. 그러나 해군성이 연안을 항해하는 모든 선박을 포함시킴으로써 계산이 크게 어긋난다는 사실이 드러나, 로이드 조지의 강력한 주장으로 4월 초에 호송선단 시스템이 도입되었을 때 이 작전은 즉각 성공을 거두었다. 일단 존재감을 드러내기 시작하자 미국은 호송선단의 보호를 강화할 수 있었을 뿐 아니라 잠수함이 선박을 침몰시키는 속도보다 더 빠르게 상선을 건조할 수 있었다. 독일은 연합국이 이용할 수 있는 화물 선적 공간과 영국의 수입 곡물 의존도, 그리고 무엇보다도 잠수함전에 맞서서 무역 관리와 배급에 의한 상품 배분형태로 나타난 영국의 대처 능력을 잘못 계산했다. 아닌 게 아니라 영국 정부는 전시 경제 체제를 매우 성공적으로 운영하여 1917년 말에 곡물 비축량은 실제로 2배가 되었다.

그러나 이러한 상황 개선의 조짐도 1917년 여름, 런던 시민들이 또다른 시련을 겪고 있을 때는 거의 보이지 않았다. 그 시련이란 바로 주간 공습이었다. 공군력의 중요성은 1914년 이전에 교전국 어디에서도 과소평가되지 않았다. 벌써 10년 이상 전에 공상 소설들은 당시엔 아직 발명되지 않은 비행기에 의한 도시 폭격의 공포를 묘사하고 있었지만, 정작 군부는 지상전에 비행기가 끼치는 영향, 특히 더이상 기병이 수행할 수 없는 정찰을 수행할 수 있는 능력에 관심이 더 많았다. 하지만 그러한 정찰은 적기에 방해받지 않을 때만 가능하기 때문에 금세 공군의 주요 기능은 공중전을 통해서든 아니면 적

비행장의 파괴를 통해서든 전장의 제공권을 확보하는 일이 되었다. 진흙탕 참호의 상공에서 벌어지는 일급 전투기 조종사들 간의 일 대 일 대결은 전통적인 전쟁의 낭만을 잠시 되살리기도 했다.

'전략 폭격', 즉 적의 민간 자원에 대한 공격이라는 개념은 더 느리게 발전했다. 1914년 8월, 주요 후원자인 그라프 폰 체펠린(Graf von Zeppelin) 백작의 이름을 딴 독일의 비행선이 안트베르펜을 폭격했고(이에 대응해 영국의 비행기들은 10월에 뒤셀도르프의 체펠린 비행선 격납고를 폭격했다), 이듬해 1월에는 영국에 대해 야간 공습을 개시했다. 그러나 비행선의 항행이 너무 부정확하고 파괴력도 너무 약해서 이같은 공습은 사람들의 이목을 끄는 골칫거리 이상은 될 수 없었다. 하지만 연합국의 선전 담당자들에게 독일의 '무서움'에 대한 추가 증거를 제공하는 역할을 했다. 1917년이 되자 더 믿음직한 장거리 비행기들이 개발되었고, 그해 여름 독일의 고타 폭격기가 런던에 대한 주간 공습을 감행했다. 물리적 피해와 사상자 수는 적었지만 심리적 효과는 엄청났다. 영국 군부는 프랑스에서 벌어지고 있는 전쟁에 확보할 수 있는 모든 자원을 털어넣어야 했지만, 그러한 군부의 조언과는 반대로 프랑스 동부에 기지를 둔 독립 공군(Independent Air Force)이 창설되어(그전까지 영국의 공군력은 육군 항공단Royal Flying Corps과 해군 항공대Royal

Navy Air Service로 이원화되어 있었다—옮긴이) 독일 영토에 보복 공격을 하는 임무를 맡았다. 도달 범위 안에 있는 유일한 목표물이 라인 강 상류 지역의 도시들이었기 때문에 이 작전의 즉각적 충격은 미미했지만, 장기적으로 지대한 영향을 끼치게 된다. 신설된 영국 공군은 독립 공군의 성공에 대한 매우 불충분한 증거를 바탕으로 20세기 나머지 기간에 영국의, 그리고 훗날 미국의 전략적 사고를 지배하게 될 전략 폭격 독트린을 수립하게 되었다.

동부전선의 붕괴

그사이 동부전선은 무너지고 있었다. 1월에는 이제 대포와 탄약을 충분히 공급받는 러시아군이 서부전선과의 춘계 합동 대공세에서 제 역할을 할지도 모른다는 기대가 아직 있었다. 그러나 2월에 러시아군 사령관들은 병사들의 사기가 너무 낮고 탈영이 다반사라 아군 병사들에 더이상 의지할 수 없다고 털어놓았다. 군대의 사기는 나라 전체의 사기를 반영할 뿐이었다. 전쟁 전에도 흔했지만, 교전이 시작되자 그동안 활동 정지 상태에 빠졌던 혁명 세력의 선동은 이제 거의 제지되지 않았다. 3월에 페트로그라드에서 일어난 식량 폭동은 경찰과 군대가 폭도와 뜻을 같이하면서 혁명으로 탈바꿈했다. 차르는 제위에서 물러났고, 온건파 부르주아 정권이 통치 기구를 장악했다. 그러나 새로운 핵심 대안 권력인 노동자·병사 평의회(소비에트)가 수도에서 수립되었다. 소비에트는 러시아 전역에 대안적 권력 네트워크를 확립하면서 즉각 강화를 요구했다.

이러한 사건들은 처음에는 서구, 특히 미국에서 환영받았다. 차르가 지배하는 러시아는 더 안전한 세계와 민주주의를 위한 전쟁에서 난감한 동맹국이었다. 알렉산드르 케렌스키(Alexander Kerensky)가 이끄는 새 정부는 조국 러시아의 방위를 위해 전쟁을 계속할 의사가 있음을 표명했다. 7월에 브루실로프는 갈리치아 전선에서 대규모 공세로 전년도처럼 승리를 거두려 했고, 초반에는 얼마간 성공을 거두었다. 하지만 독일군이 북쪽에서 반격해오면서 러시아군의 방어선은 무너졌다. 후퇴하던 러시아군은 이제 걷잡을 수 없이 패주했고, 추격하는 독일군의 진격 속도는 이제 '발로 투표하면서'(전장을 버리고 귀향하는 병사들의 행태 자체가 전쟁을 반대한다는 가장 확실한 의사 표명이라는 것을 뜻하는 말로, 트로츠키가 한 말이다—옮긴이) 고향으로 돌아가는 러시아 병사들을 따라잡는 능력에 전적으로 달려 있었다. 9월에는 발트 해 요새 도시 리가가 혁신적 천재인 브루흐뮐러 대령이 고안한 폭풍 같은 포격을 받은 끝에 함락되었다. 그사이에 페트로그라드에서는, 가장 가까운 동료들을 제외하고는 다들 너무 극단적인 인물로 여기던 블라디미르 레닌(Vladimir Lenin)이라는 혁명 지도자가 독일 최고사령부의 기민한 도움을 받아 망명지 스위스에서 귀국하여 거의 모든 러시아인의 요구 사항을 간단한 세 단어로 압축해 주장하고 있었다. 그것은 빵, 토지, 평화였다. 11월에 그는 두번째 쿠데타를 일으켰다. 이번 시도는 3월의 쿠데타처럼 권력의 공백 상태를 낳는 것이 아니라 가차 없는 독재를 수립했다. 새 독재 정부의 강령이나 이데올로기는 아닐지라도 그들의 즉각적 목표들은 러시아 국민들의 지지를 이끌어냈다. 레닌은 즉시 독일군 최고사령부에 휴전을 요청했고, 12월에 양측은 강화 조건을 논의하기 위해 브레스트-리토프스크에서 만났다.

파스상달

1917년 여름에 서부의 연합국은 그렇게 파멸에 가까운 상황을 예상하지는 않았지만, 러시아군의 상태에 관해서는 아무런 환상도 품지 않았다. 아닌 게 아니라 러시아군의 허약성은 프랑스 최고사령부에게 갈수록 매력적으로 비치는 방안, 즉 계속 수세를 취한 채 1918년 미군이 올 때까지 기다리자는 방안에 반대하여 서부전선에서 독일군에 지속적인 압박을 가하자고 주장하는 측에 매우 강력한 논거를 제시했다. 미군이 도착할 때쯤이면 러시아군은 이미 전쟁에서 발을 빼고 독일군은 서부전선의 연합군을 쳐부수는 데 전력을 집중할 수도 있었다. 그러나 프랑스군은 더이상 결정권을 쥐고 있지 않았고, 프랑스군의 붕괴로 영국군 최고사령부는 처음으로 독자적인 운용 전략을 결정할 수 있게 되었다.

헤이그 경은 이제 전쟁의 승패가 자신이 지휘하는 영(英)제국 군대의 어깨에 달렸다고 보았는데 이는 어느 정도 타당한 생각이었다. 그는 최악의 상황을 막을 수 있을 정도로 충분한 수의 미군이 제때 도착하리란 기대를 별로 품지 않았다. 그가 보기에 승리의 유일한 희망은 독일군을 소모시킴으로써 독일 국민들에게 끝없는 압박을 가하는 것이었다. 그는 이 소모 전략을 이제까지 맞붙어온 플랑드르 지방의 이프르 주변에서 실행할 계획이었다. 그곳이라면 영국군은 동맹군에 구애받지 않고 싸울 수 있고, 상당한 거리를 전진하면 유보트의 전진 기지로 사용되는 벨기에 항구들을 장악할 수도 있었다. 이 방안은 자연히 영국 해군의 지지를 받았다. 헤이그는 그러한 전진은 독일군에게 회복할 시간을 주지 않을 만큼 아주 빠르게 이어지는 일련의 제한된 공격들로 달성될 수 있다고 믿었다. 솜강 전투의 비극이 되풀이될까 두려워했던 로이드 조지는 이 같은 계획에 회의적인 태도를 보였지만 니벨 문제를 둘러싸

10. 서부전선: 파스상달 전장.

고 오판을 한 터라 자신이 이를 거부할 수 있는 입장이 아니라고 느꼈다. 사실, 이프르 남쪽 메신 능선(Messines Ridge)을 목표로 한 6월 초의 준비 공격은 전쟁에서 가장 커다란 전술적 승리 가운데 하나였다. 제한된 목표에 대한 대규모 포격 지원(350만 발의 포탄을 발사했고, 갱도에 매설한 50만 킬로그램의 고성능 폭약으로 독일군 제1선을 파괴했다)과 완전한 기습 효과를 누렸던 것이다. 그러나 7월 말 개시된 본공격에서 영국군은 솜강 전투 때 곤욕을 치렀던 온갖 문제들과 맞닥뜨렸다. 영국군의 공격 준비 포격(430만 발의 포탄을 발사했다)은 기습의 효과를 완전히 제거해버렸다. 정교한 시간표에 맞춘 포격은 으레 그렇듯이 전장에서의 변수로 인해 어그러졌다. 독일군의 저항은 예상했던 것보다 훨씬 결연하고 철저한 종심 방어였다. 그리고 폭우는 양측의 대포가 전장을 헤집어놓아 도저히 통행할 수 없는 진흙탕으로 만드는 데 일조했다.

그럼에도 불구하고 헤이그는 엄청난 희생을 치러가며 제한된 성공을 거두는 가운데, 11월 초 캐나다 병사들이 파스샹달 능선을 장악할 때까지 전투를 계속했다. 이 전투 전체는 나중에 파스샹달 전투로 불리게 된다. 그때가 되면 영국군은 추가로 24만 명의 병력 손실을 입는데 그중 7만 명은 전사자였다. 독일군의 병력 손실은 총 20만 명에 달했다. 헤이그를 비판하는 측은 앞쪽 숫자에 주목하고, 옹호자들은 뒤쪽 숫자에 주목했다. 이 압박이 다름 아닌 독일 국민들에게 미친 효과를 고려한다면 일반적인 여론보다 헤이그를 옹호하는 측의 논거가 더 설득력 있다는 사실을 인정해야 할 것이다. 그러나 영국군이 치른 대가는 거의 견딜 수 없을 만큼 컸다.

헤이그 비판자들은 11월 20일 그가 캉브레에서 2차 공격을 개시했을 때 또다른 유리한 근거를 얻었다. 헤이그의 공격 목표 가운데 일부는 영국군 내에서 발전시켜온 새로운 전법, 즉 보병, 포병, 탱크의 긴밀한 협조를 대규모로 시험해보는 것이었다. 기습 효과는 완벽했다. 독일군 방어선은 종심 6.5킬로미터가 신속히 뚫렸고 영국에서는 승리를 축하하는 교회 종소리가 울려퍼졌다. 그러나 승리의 종소리는 성급한 것이었다. 열흘 뒤 독일군은 반격에 나서 상실한 땅을 모두 탈환했다. 결국 헤이그는 자신의 정치적 주인(문민 정치인—옮긴이)들에게 그나마 남아 있던 신용을 잃었고, 로이드 조지가 전쟁 수행의 전략적 지휘권을 차지했다.

카포레토

1916년 솜 강 전투의 인명 손실로 로이드 조지는 서부전선에서 공격을 계속하는 게 과연 현명한 전략인지 깊이 회의했고, 1917년 내내 최고사령부에게 다른 데로 눈길을 돌려보라고 촉구해왔다. 두 군데에서의 전선이 더 가능성이 있어 보였다. 바로 이탈리아 전선과 중동 전선이었다.

이탈리아 전선에서 군부대들은 1916년 내내 활발하게 움직였다. 앞서 본 대로 오스트리아는 언제나 이탈리아를 먼저 공략하려 들었다. 5월에 회첸도르프는 아무런 전략적 이점이 없다는 동맹국 독일의 충고를 완전히 무시하고 트렌티노 산맥을 통과하는 대규모 공세를 개시했다. 초반의 성공 이후 공세는 점차 둔화되다가 멈췄다. 물론 회첸도르프가 대승을 거두었다고 주장할 수는 있지만—이탈리아군은 28만 6,000명의 병력을 잃었고 그중 4만 5,000명은 포로가 되었다—이듬해 3월에 브루실로프가 공격해왔을 때 오스트리아의 가용 자원이 줄어드는 결과를 낳았다. 한편 카도르나 장군 휘하의 이탈리아군 주력은 동쪽으로 약 65킬로미터 더 간 이손초 강 유역의 오스트리아군의 강력한 방어선을 공격했다. 공세는 트리에스테 북쪽의 험준한 카르소 고원에서 한없는 소모전을 펼치며 11월까지 이어지다 중단되었고 이듬해 봄에 재개되었다. 1917년 8월까지 카도르나는 가장 피비린내 나는 이 전장에서 20만 명이 넘는 병력을 잃었으며, 이탈리아와 오스트리아 군대는 둘 다 한계점에 도달했다. 그러나 러시아군을 처리한 루덴도르프는 이제 동맹국을 지원할 수 있게 되어 이손초 강 유역의 오스트리아군에 7개 사단의 증원군을 파견했다. 10월 25일, 독일군은 동부전선에서 갈고 닦은 포병과 보병 전법을 모두 활용하여 카포레토에서 3만 명의 포로를 잡으며 이탈리아 방어선을 격파했다. 이탈리아 전선 전체가 무너졌고, 이탈리아군은 2주 뒤에야 110킬로미터 후방에 있는 피아베 강을 따라 간신히 방어선을 재구축했다. 그 과정에서 27만 5,000명이 포로로 잡혔고, 2,500문의 대포와 대량의 물자를 빼앗겼다. 거기다 약 50만 명의 이탈리아 병사들이 전장을 버리고 탈주했다.

로이드 조지에게 이탈리아군의 붕괴는 천우신조였다. 헤이그는 즉시 서부전선에서 5개 사단을 이탈리아로 파견하라는 명령을 받았고, 이로써 그가 추진한 서부전선에서의 공세는 사실상 종료되었다. 영국군 5개 사단은 프랑스군 6개 사단과 함께 이탈리아 전선을 수습했다. 더 중요한 것은 로이드 조지가 프랑스의 신임 총리 조르주 클레망소(마음먹은 대로 행동하는 사람으로, 장군들에 대해 로이드 조지보다 인내심이 더 없었다)와 협력하기 위해 11월 5일 라팔로에서 열린 연합국 회의를 이용한 점이었다. 이 회의를 통해 로이드 조지는 연합국의 정치 지도자들과 군사 자문가들로 구성된 연합국최고전쟁위원회(Allied Supreme War Council)를 수립할 수 있었다. 이 최고전쟁위원회는 군사 정책을 수립하고 다양한 교전 지역에 병력을 배치하는 임무를 맡았지만, 그보다 더 중요한 임무는 군사 물자를 조직, 분배하는 일이었다. 헤이그와 페탱은 자신들의 권한을 침해하는 이같은 시도에 격렬하게 반발했지만 그들의 힘은 이미 꺾인 상태였다. 헤이그의 독립성은 그의 선임 참모들이 교체되고 영국 정부 내에서 그의 최대 지지자였던 제국참모총장 윌리엄 로버트슨 경이 로이드 조지의 정치적 피후견인인 중장 헨리 윌슨 경으로 교체됨으로써 더욱 약화되었다. 프랑스와 영국 양쪽에서 전략적 통제권은 이제 완전히 민간 지도부의 수중에 들어갔다.

최고전쟁위원회가 수립된 지 한 달도 지나지 않아서 로이드 조지는 더 반가운 소식을 들었다. 12월 11일, 영국군이 예루살렘에 입성한 것이다.

중동 지역

터키(오스만 제국)는 자신들이 중부 세력의 굳건한 우군임을 입증했다. 터키군은 대체로 문맹이지만 억센 농민들로 구성되어 있었고, 현대적 장비는 부족했지만 끈질긴 용기와, 독일 군사고문단의 지도로 힘을 얻은 젊고 정력적인 장교들의 지도력으로 이를 만회했다. 그들의 주요 전선은 캅카스 지방이었다. 캅카스 전선에서 터키군은 심각한 피해를 입었다. 1914년에서 1915년에 걸친 겨울의 어리석은 공격이 실패했고, 이어 1916년 여름 니콜라이 유데니치(Nikolai Yudenich) 장군의 유능한 지휘를 받은 러시아군의 공세에 밀린 결과였다. 이 과정에서 터키 정부는 아르메니아인들을 상대로 인종학살에 가까운 무자비한 대규모 강제 이주와 대량 학살을 자행했다.

그와 동시에 영제국의 부대도 터키 영토를 침공해왔다. 이들은 이집트가 아니라, 원유 생산 시설을 지키고 터키 현지의 반란을 조장하기 위해 1914년 11월에 페르시아 만 북단의 바스라에 세운 기지에서 온 병사들이었다. 1915년에 영국군은 바스라에서 티그리스 강과 유프라테스 강 상류 지역으로 진격했다. 처음에는 자신들의 기지를 지키기 위해서였지만 궁극적으로는 바그다드 점령까지 내다본 원정이었다. 대체로 인도인 부대원들로 구성된 원정군이 질병으로 엄청난 수의 사상자를 낳는 등, 이 원정은 운영상 완전한 참사였다. 이 참사는 1916년 4월, 다섯 달에 가까운 포위를 견디던 영국군이 바그다드에서 남쪽으로 약 130킬로미터 떨어진 쿠트알아마라에서 끝내 항복하면서 군사적 파국이 되었다. 항복한 영국 병사 1만 명 가운데 4,000명이 포로로 붙잡혀 있는 동안 사망했다. 이같은 불행은 지휘관 찰스 타운센드 중장은 겪지 않은 운명으로, 그는 포로로 지내는 동안 적에게 어느 정도 환대를 받아 나중에 좋지 않은 소리를 듣게 된다. 그 뒤 12월에는 더욱 강력한 원정이 감행되어, 영국군은 쿠트알아마라를 탈환하고 이듬해 3월에는 바그다드를 점령했다.

이집트는 중요성에서 영국 본토에 버금가는 영국군 제2의 거점이었다. 수에즈 운하를 통과하는 제국의 연락선을 보호하기 때문이었다. 다르다넬스 해협에서 격퇴당한 뒤, 이집트의 영국 주둔군은 1916년 7월에 시나이 반도를 가로지르는 터키군의 터무니없이 야심찬 습격에 맞서 운하를 성공적으로 방어했다. 그러자 이번에는 영국군이 사막을 관통하여 팔레스타인 경계선까지 진격했다. 이는 양차대전에서 영국군 군사작전의 특징이 될 꼼꼼한 병참 계획에 의해서만 달성될 수 있는 것이었다. 1917년 3월 가자에서 터키군 방어선을 무너트리려는 몇 차례 시도가 수포로 돌아간 뒤, 신임 영국군 사령관 에드먼드 앨런비 경(Sir Edmund Allenby)이 파견되었다. 앨런비는 서부전선에서 군을 지휘하며 눈에 띄는 성과를 거두지 못했지만, 지상군과 긴밀하게 협조하며 활동하는 비행기와 더불어 서부전선에서는 불가능한 방식으로 기마 부대를 활용하여, 자신이 팔레스타인에서는 여전히 실행 가능한 기동전의 명수임을 입증했다. 앨런비의 독일측 상대는 다름 아닌 경쟁자들에 의해 권력의 중심에서 완전히 밀려난 팔켄하인이었다. 그러나 병력 수와 장비에서 영국군보다 훨씬 열세인 터라, 팔켄하인은 자신의 모든 힘을 동원한다고 해도 할 수 있는 것이 별로 없었다. 10월 말, 앨런비는 공세를 감행하여 가자에서 터키군을 싹 몰아낸 뒤 로이드 조지가 요청한 대로 영국 국민들에게 '크리스마스 선물'을 주기 위해 예루살렘을 향해 계속 전진했다. 앨런비의 예루살렘 입성은 4개월에 걸친 파스샹달 전역의 참상을 겪은 뒤라 더욱 반가운 선물이었다.

1918년 9월, 앨런비는 메기도에서 압승을 거두며 팔레스타인 정복을 완료했는데, 메기도 전투는 서양 군사 역사에서 기병 부대가 주도적 역할을 한 마지막 전투였다. 북쪽으로 계속 전진한 그의 부대는 10월 말까지는 시리아를 휩쓸었고, 터키군은 급기야 휴전을 요청하기에 이른다. 앨런비가 해안을 따라 진격하는 동안 젊은 고고학자 T. E. 로렌스 대령이 모집하고 이끈 아랍인 부대가 앨런비의 육지 쪽 측면을 보호하고 터키의 철도 연락망을 파괴하는 방해 공작을 펼쳤다. 로렌스의 활약은 주변적 전역의 주변적 역할에 불과했지만 서부전선의 암울한 상황에 의해 더욱 빛나는 명성을 그에게 안겨주었다.

앨런비의 승전으로 영국은 중동에서 잠깐 동안 헤게모니를 확립하게 된다. 무엇보다 1917년 11월에 영국 외무장관 아서 밸푸어(Arthur Balfour)가 팔레스타인에 '유대인을 위한 민족적 고향'을 건설한다는 약속을 이행할 수 있게 됐다. 안타깝게도 밸푸어는 현지 주민들이나, 군사 지원의 대가로 영토를 약속 받은 아랍 통치자들과 상의하지 않고 약속을 해버렸다. 1916년 영국과 프랑스 외무부 관리들이 중동 지역을 양국의 세력권으로 분할한다고 합의한 내용('사이크스-피코 협정the Sykes-Picot Agreement')도 마찬가지였다. 양립할 수 없는 이런 의무 조항들을 조화시키려는 시도는 2차세계대전 때까지 영국 관리들을 바쁘게 만들고, 중동 지역을 혼란에 빠트렸으며, 21세기가 시작된 지금까지도 풀리지 않은 고통스러운 숙제를 남겼다.

제 8 장

1918년:
결정의 해

1918년 1월 연합국의 근심

앨런비의 일련의 승전이야 물론 나쁠 것 없었지만 1917년 말에 연합국의 승리 전망은 여전히 어두워 보였다. 다만 긍정적인 면을 말해보자면, 잠수함전에서 승리하여 미국의 물자가 거의 중단 없이 대서양을 건너올 수 있다는 것이었다. 그러나 연합국은 물자뿐만 아니라, 아니 더 다급하게 병력이 필요했는데, 미국의 병력 제공은 더디기만 했다. 1918년 4월에 미국이 참전했을 때 미국 육군은 장교 6,000명과 병사 10만 명으로 구성되어 있었다. 존 J. 퍼싱(John J. Pershing) 장군은 미군 제1사단을 이끌고 프랑스로 가라는 명령을 받았지만 그때까지도 그 부대는 서류상으로만 존재할 뿐이었다. 1918년 여름까지 육군을 24개 사단, 총 100만 명으로 확대하는 계획이 마련되었지만, 연합군이 그때까지 버틸 수 있을지 의심스러웠다. 만약 그때까지 버틸 수 있다면 연합군은 더이상 걱정할 것이 없었다. 1919년이면 병력과 물자 면에서 연합군은 압도적 우위를 점할 터이므로 연합군 참모 장교들은 1919년에 맞춰 대규모 공세에 나설 계획을 세우기 시작했다. 하지만 그사이 지난 3년 동안 그들을 괴롭혀온 악몽이 현실이 되고 말았다. 러시아가 전쟁에서 떨어져나가면서 루덴도르프가 수중의 모든 자원을 서부전선에 마음껏 집중할 수 있게 된 것이다.

러시아의 패배는 영제국에 매우 우려스러운 영향을 끼쳤다. 터키가 캅카스 전선을 방어할 필요가 없어진 것이다. 터키는 아라비아 반도에서 밀려났지만 그 덕분에 오히려 자유롭게 동쪽으로 팽창하여 인도 국경 지대까지 미치는 범우랄-알타이 헤게모니를 확립할 수도 있었다. 그 헤게모니는 독일의 군사력에 의해 강화되고, 이미 위태로운 영국의 인도 아대륙 지배를 약화시킬 수도 있는 '성전(지하드)'으로 고무되는 것이었다. 연합국최고전쟁위원회의 미국 군사 대표가 1918년 2월에 본국에 이렇게 보고한 것도 놀랄 일은 아니었다. "최근의 모임에 출석하지 않았던 사람은…… 이 자리에 모인 정치, 군사 지도자들한테 얼마나 큰 불안과 공포가 팽배해 있는지 실감하기 어려울 것이다."

1918년 1월 독일의 근심

그러나 연합국이 자신들의 상황을 염려하고 있었던 데 비해 독일은 절박했다. 러시아는 분명히 전쟁에서 발을 뺐다. 브레스트-리토프스크에서 러시아 대표 레온 트로츠키(Leon Trotsky)는 처음에, 러시아령 발트 해 연안 지역과 폴란드의 영유권을 독일이나 오스트리아에 완전히 넘기는 것을 포함한 강화 조건의 수락을 거부했다. 그는 베를린이나 빈에서 조만간 혁명이 일어나 강화 조약이 불필요해지길 기대하며 강화를 하는 것도 거부했다. 결국에는 그러한 혁명들이 실제로 일어나지만, 당시로서는 아직 아니었다. 협상이 결렬되자 독일군은 아무런 저항도 받지 않고 핀란드와 러시아 서부는 물론 우크라이나를 넘어 캅카스와 크림 반도까지 진군했다. 1918년 3월 레닌이 마침내 굴복했을 때 강화 조건은 60억 마르크의 '전쟁 피해 배상금' 지불뿐 아니라 러시아 석탄 매장지의 약 90퍼센트와 중공업 지대 50퍼센트, 그리고 인구의 30퍼센트가 포함된 영토를 내주는 것이었다. 5월에 독일은 루마니아와 체결한 부쿠레슈티 조약에 의해 동부 정복을 마무리했다. 조약에 따라 루마니아는 원유 생산 시설과 잉여 곡물에 대한 지배권을 내주고 무기한 군사 점령을 받아들였다. 서부전선이 어찌되었든 간에 독일은 이제 광대하고 자급자족이 가능한, 그리고 겉으로 보기에는 확고부동한 동부 제국을 획득한 것이었다.

그러나 이제 독일 최고사령부의 걱정거리는 서부로부터의 위협이 아니었다. 그보다 우려스러운 것은 독일 내부의 상황이었다. 군부는 1917년에 이르자 앞서 본 대로 독일 경제를 지배했다. 그러나 아직 제국의회는 지배하지 못했다. 제국의회는 전쟁 채권 법안을 통과시키거나 보류하는 권한으로 돈줄을 쥐고 있었다. 전시 채권 없이는 전쟁 자체를 수행할 수 없었다. 전쟁 개시 후 3년 동안은 애국주의가 제국의회를, 아닌 게 아니라 소수의 사회주의자 반대파를 제외하고는 나라 전체를 하나로 묶었다. 하지만 1917년 겨울이 되자 이같은 단합은 약해지고 있었다. 그런 일체감은 잠수함전의 성공 희망에 의지하여 그해 전반기 동안은 가까스로 유지되었지만 늦여름이 되자 잠수함전도 더이상 성공을 기대할 수 없음이 분명해졌다. 국민들은 전쟁을 치르며 네 번의 겨울을 났고 이제 다섯번째 겨울을 나야 한다는 전망은 견디기 힘들었다. 식량 배급 순번을 기다리는 사람들 사이에서 벌어지는 싸움은 폭동으로 비화하고 폭동은 대규모 파업으로 이어졌다. 1917년 8월에는 독일 군항 빌헬름스하펜에서 굶주림과 지루함에 시달리던 함대 수병들이 공공연한 반란을 일으켰다. 1918년 1월에는 수도 베를린과 군항 킬에서 대규모 장기 파업 사태가 터졌고, 함부르크와 브란덴부르크에서는 계엄령을 선포해야

11. 민간인들이 처한 곤경: 1917년 겨울 베를린에서 식량 배급을 기다리는 사람들.

했다. 러시아에서 일어난 혁명의 기운은 독일에까지 뻗쳤으며, 경제적 어려움으로 인해 강화를 요구하는 목소리에는 점점 더 힘이 실렸다.

이 요구는 경제적 압박만이 아니라 정치적 이데올로기에 의해서도 부채질되었다. 독일의 자유주의자들과 사회주의자들이 언제나 천적으로 여겨온 전제적 차르 제국은 무너졌고, 새로 들어선 사회민주주의 정권은 그들의 자연스러운 동지인 듯했다. 미국의 참전은 패권적 야심과 함께 잔혹한 전쟁 수행 방식을 추구하는 독일 국가에 대한 민주주의 국가들의 동맹을 완성시켰다. 독일의 자유주의자들과 사회주의자들은 갈수록 그러한 독일 국가를 옹호하기 힘들다고 느꼈다. 1917년 6월 스톡홀름에서 열린 국제사회주의자 회의에 참석한 독일 대표단은 자신들이 고립되어 있고 인기가 없음을 실감했다. 대체로 이 경험의 결과로, 제국의회는 그해 7월 19일에 '강제적인 영토 획득이나 정치적·경제적·재정적 강제 수단에 의하지 아니한 방법에 따른, 인민들 간의 영구적 화해와 상호 이해를 바탕으로 한 평화'를 요구하는 강화 결의안을 212 대 126의 투표 결과로 통과시켰다. 동시에 제국의회는 프로이센의 낡은 선거 제도의 대개혁을 요구했을 뿐만 아니라 최고사령부가 보기에 무엇보다 최악인 군대를 제국의회의 통제 아래 두어야 한다는 주장도 내놓기 시작했다.

최고사령부는 제국의회를 통제하기 위해 베트만홀베크 수상에게 의지해왔다. 그러나 그가 실패하자, 이번에는 카이저에게 베트만홀베크를 경질하도록 강요했다. 후임으로 임명된 주무르기 편한 관료 게오르크 미하엘리스(Georg Michaelis)는 강화 결의안을 '내가 이해한 범위 내에서' 받아들이기로 동의했고, 그래서 전시 채권안이 의회에서 통과되었다. 그러나 좌파의 강화 요구 선전에 대항하기 위해서는 더 많은 노력이 필요했다. 9월에 최고사령부는 제국의회가 바라는 체제개혁에 반대하고 병합주의적 강화를 지지하기 위해 '조국당'이라는 신당 창당을 후원했다. 그들이 원하는 강화의 조건은 8월 9일에 작성된 크로이츠나흐 강령에 제시되었다. 거기에 따르면, 동부에서 독일은 독일 군대가 이미 점령하고 있던 모든 영토—쿠를란트, 리투아니아, 폴란드 동부 지방—를 완전히 자국에 병합하고, 서부에서는 벨기에와 룩셈부르크를 보유하고 그 국경 지대에 있는 롱위와 브리에 지방을 프랑스로부터 획득한다고 되어 있었다. 힌덴부르크와 루덴도르프가 카이저에게 설명한 대로, 목적은 '독일인의 힘을 강화하고 우리의 국경을 개선함으로써 우리의 적들이 앞으로 오랫동안 다른 전쟁을 감히 일으키지 못하게 만드는 것'이었다. 조국당은 라인란트 산업가들의 아낌없는 재정 지원을 받았지만, 그렇다고 지배계급의 단순한 간판에 불과한 것은 아니었다. 1년 만에 조국당의 당원은 125만 명에 달했다. 거의 틀림없이 20세기 최초의 진정한 대중주의적 우파 운동이자 향후 벌어질 일들을 예고하는 징조였다.

따라서 강화의 본질은 유럽에서의 독일의 지위뿐만 아니라 독일이 장차 어떤 종류의 국가를 세울 것인지도 결정했을 것이다. 최고사령부와 그들의 민간인 지지자들이 보기에 병합이나 배상금이 없는 강화라는 제국의회의 주장에 굴복하는 것은 사실상 전쟁에서 지는 것이었다. 그것도 더이상 독일의 외부 적들에 맞선 전쟁만이 아니라 전통적인 독일의 가치를 파괴하려고 작심한 듯한 국내 세력들에 맞선 전쟁에서도 패배하는 것이었다. 루덴도르프의 시각에서 후방 전선이 모조리 붕괴하기 전에—더 중요하게는 절망적인 오스트리아가 전쟁에서 발을 빼기 전에—적대 세력들을 굴복시킬 수 있는 유일한 길은 서부전선에서의 승리, 압도적인 타격으로 연합국의 전의를 앗아버려 독일의 강화안을 받아들일 수밖에 없게 만드는 승리였다. 이것이야말로 독일의 진정한 '마지막 패'일 터였다.

1918년 3월의 루덴도르프 공세

루덴도르프는 1917년 11월에 그러한 승리를 위한 계획을 짜기 시작했다. 연합국도 잘 알고 있는 대로, 서류상으로는 이제 서부전선을 돌파할 병력이 차고 넘쳤다. 광대한 새 정복지가 혼란한 상황이라 질서를 유지할 필요가 있어 독일군 전력의 상당 부분이 여전히 동쪽에 묶여 있었지만, 그는 44개 정도의 사단을 서부전선으로 돌릴 수 있었다. 그 결과 1918년 3월까지 서부전선에 배치된 독일군 병력은 총 199개 사단에 달했다. 여기에 맞서 프랑스군은 약 100개 사단을 전장에 배치할 수 있었지만 그중 일부는 전투력이 의심스러웠고, 영국군은 58개 사단을 배치할 수 있었지만 (나중에 군사 당국자가 불평한 대로) 헤이그가 추가 공세에 동원할 수 없도록 제1선의 예비 병력을 본국에 묶어두는 로이드 조지의 정책 때문에 전력이 약화되어 있었다. 그리고 미국은 아직 아무 병력도 제공할 수 없었다.

최초의 타격은 영국군에게 가해졌다. 우선은 아미앵 동쪽 영국군 전선의 남쪽 구역을 목표로 한 공격으로, 북쪽에 있는 영국군 예비 병력을 끌어당기기 위한 것이었다. 루덴도르프는 제2의 공격으로 영국군 전선의 북쪽 구역을 강타하여 영국해협의 항구들(Channel Ports: 영국해협에 면한 프랑스 북서부와 벨기에 해안의 주요 항구들을 말한다. 전통적으로 영국과 대륙의 연락을 유지하고 병력과 물자를 내려놓는 전략적 요충지였다—옮긴이)까지 돌파할 수 있기를 바랐다. 헤이그는 자신의 좌익이 결정적 전선이 되리라 판단해 의도적으로 우익(영국군 전선 남쪽 구역—옮긴이)을 약화시켰다. 그래서 1918년 3월 21일 독일군이 영국군 전선 남부를 공격했을 때는 52개 사단 대 26개 사단으로 독일군이 압도적인 수적 우위를 누렸다. 그러나 중요한 것은 숫자만이 아니었다. 독일군은 이제 지난 3년 동안 서부전선을 요지부동으로 묶어놓은 참호전의 교착상태를 마침내 끝낼 기법들을 활용했다.

기법 자체는 결코 새롭지 않았다. 그것은 사전 조준 없이 단시간에 집중적 포격을 하는 기법으로, 목표는 전방의 부대뿐만 아니라 연락선과 지휘 본부이며, 대량의 독가스탄과 연막탄을 사용했다. 이러한 기법은 캉브레 전투에서 영국군이, 그리고 카포레토에서 독일군이 이미 활용한 바 있다. 하지만 이 전술은 동부전선에서, 특히 리가 공격에서 독일군의 오스카르 폰 후티어(Oskar von Hutier) 장군과 그의 포병 지휘관 게오르크 브루흐뮐러(Georg Bruchmüller)가 완성시킨 것으로, 그들은 이제 서부전선에서 독일군의 공격을 지휘했다. 그들의 포격 강도는 전례가 없는 것이었다. 6,500문의 대포가 65킬로미터에 걸친 전선을 포격하여 전선 후방의 모든 연락선을 파괴하고 전선을 독가스와 고성능 폭약으로 완전히 뒤덮었다. 이어 강습 특화 부대인 '돌격대(storm troops)'가 선봉에 서서 보병 부대의 공격을 이끌었다. 돌격대는 경기관총, 수류탄,

박격포, 화염방사기, 그리고 썰매가 끄는 경포 형태로 자체 화력을 보유하여 가능하면 어디서든 적의 거점을 파괴하고 파괴가 불가능할 때는 차단했다. 그러면 보병 부대들이 돌격대가 열어젖힌 돌파구로 쏟아져 들어갔고, 최초의 공격 성공을 최대한 활용하기 위해 예비 병력이 영국인 논평가 리들 하트(Liddell Hart)가 나중에 표현한 대로, '불어나는 급류처럼' 계속 투입되었다. 이런 공격 조합은 그에 대항하기 위해 필요한 종심 방어 체계를 막 구축하기 시작한, 사실 그보다는 그 필요성을 인식하기 시작한 영국군에게는 아주 치명적이라는 것이 드러났다. 3월 21일 아침의 짙은 안개도 독일군의 돌파를 도왔다. 나흘 만에 그들은 영국군 전선에 65킬로미터 깊이의 쐐기를 박으며 전진하여 연합군의 방어선 전체를 무너트릴 기세였다.

공격은 루덴도르프 자신의 기대보다 훨씬 성공적이었다. 이제 영국군과 프랑스군은 완전히 분리될 판이었다. 만약 그렇게 된다면 영국군은 해협의 항구들로 이어지는 병참선을 따라 북쪽으로 물러날 수밖에 없고, 프랑스군은 파리를 엄호하기 위해 남쪽으로 후퇴하여, 독일군이 해안까지 진격할 길을 열어줄 것이었다. 실제로 22년 뒤에는 그런 상황이 벌어지게 된다. 이제 모든 것은 프랑스군과 영국군이 접촉을 유지하느냐에 달려 있었다. 지금까지 헤이그와 페탱은 자신들 위에서 통일된 연합국 간의 지휘 계통을 세우려는 연합국최고전쟁위원회의 시도에 저항하며, 자신들의 작전 수행에 영향력을 행사할 수 있는 예비 전력의 운용에 관한 재량권을 위원회에 부여하는 것을 거부해왔다. 그들은 어떤 문제가 발생하든 상호 협력으로 해소할 수 있다고 주장했다. 그러나 헤이그가 지원을 요청했을 때 페탱은 파리를 무방비 상태로 노출시키게 될까 두려워 지원 요청을 거절했다. 헤이그는 자존심을 접고 정치적 상관들에게 호소했다. 3월 26일, 아미앵 근처 둘랭에서 연합국 회의가 열렸다. 거기서 이제는 프랑스군 참모총장이 된 포슈가 보인 결연한 자세는 헤이그를 감동시켜, 헤이그는 연합국의 여러 군대들을 '조정하는' 포슈의 권한을 받아들였다. 이 권한은 일주일 뒤 '작전 지시' 권한으로까지 확대되었다. 전쟁의 남은 기간에 연합군은 통일된 지휘 계통 아래서 싸우게 되었다.

그사이 독일군의 진격은 느려져 멈추게 되었다. 그들의 병참선은 지나치게 늘어났다. 포격은 보병의 진격 속도를 따라갈 수 없었고, 이제 보병이 솜 강 전투가 벌어진 폐허를 지나가야 했기 때문에 전진은 더 힘들어졌다. 독일군이 차지한 연합군의 물자 집적소는 확실히 엄청난 양의 물자를 제공했지만, 지치고 굶주린 독일군 병사들로 하여금 진격을 멈추고 먹고 마시도록 유혹할 뿐이었다. 루덴도르프는 4월 5일에 작전을 중단하고 헤이그가 예상한 대로 북쪽으로 공격을 전환했다. 두번째 공격은 4월 9일에 이프르 돌출부 남부를 흐르는 리 강 유역에서 역시 브루흐뮐러의 집중 포격 뒤 개시되었다. 독일군은 전년도 가을에 영국군이 석 달을 걸려 40만 명의 사상자를 내고 정복한 이프르 서쪽 땅을 며칠 만에 모조리 탈환했다. 영국군 병력은 전선에 너무 가늘게 배치되어서, 보통은 말주변이 없는 헤이그도 감동적인 특별 명령을 발효해야겠다고 생각했다. "배수진을 친 채, 우리의 정당한 대의명분을 믿으면서 각자 최후까지 싸워야 한다. 조국의 안전과 인류의 자유는 모두 이 결정적 순간에 처한 여러분 각자의 행동에 달려 있다." 이 명령은 언론에는 잘 나갔지만 병사들의 반응은 더 상스러웠다. 어쨌거나 병사들은 실제로 끝까지 싸웠다. 영국군은 방어선을 유지하며 버텼고, 4월 30일에 루덴도르프는 공격을 중단했다. 3월 21일 이후로 그는 이미 35만 명의 병력을 잃었고, 연합군의 병력 손실은 그보다 약간 적을 뿐이었다. 그러나 병력에 더 여유가 있는 쪽은 연합군이었고, 미군 병사들이 한 달에 30만 명씩이나 프랑스로 쏟아져 들어오는 가운데 그런 병력의 여유는 이제 사실상 끝이 없었다.

루덴도르프는 이제 프랑스군 쪽으로 눈길을 돌렸다. 그가 고른 공격 지점은 1년 전에 니벨이 참사로 끝난 공세를 감행했던 엔 강 유역이었다. 5월 27일, 독일군은 이제 자신들에게 익숙한 기법들을 이용하여—브루흐뮐러의 포병대는 4시간 반 동안 200만 발의 포탄을 발사했다—프랑스 제16군을 격파했다. 프랑스군 지휘관들은 아직도 종심 방어 전술을 무시하고 자기네 땅을 마지막 한 뼘까지 지키는 편을 선호하고 있었다. 독일군은 5만 명의 포로를 사로잡고 50킬로미터를 침투하여 수아송을 장악했다. 그들의 장거리포가 이제 파리를 포격하기 시작하자, 프랑스 정부는 1914년 9월처럼 다시금 보르도로 옮겨갈 준비를 했다. 그러나 이 공격 과정에서 독일군도 추가로 13만 명의 병력을 잃었다. 그리고 가장 중요한 점은, 그중 일부가 미군의 손에 전사한 것이었다.

미군이 전선에 등장하다

훗날 루덴도르프는 적이었던 연합국은 물론 독일인들로부터도, 자신의 공세에 어떤 목적을 특정하지 않은 채 오로지 공격만을 고집했다는 이유로 격한 비난을 받아왔다. 하지만 그가 영국해협의 항구들을 장악했더라도 전쟁은 1940년처럼 여전히 계속되었을 것이다. 심지어 파리를 손에 넣었다 해도 미국과 영국은 싸움을 계속했을 것이다. 루덴도르프의 목표는 2년 전 팔켄하인의 목표와 다르지 않았으니, 연합군을 격파하는 것이라기보다는 오히려 전쟁 계속이라는 연합국 정부들의 의지를 꺾고 타협에 의한 강화를 받아들이게 하는 것이었다. 이는 프랑스를 상대로는 성공했을지도 모른다. 또 이듬해 1919년이라면 심지어 영국한테도 가능했을지 모른다. 그러나 미국에는 불가능한 일이었다.

1918년 초에 프랑스에는 이미 미군이 100만 명이나 들어와 있었다. 물론 아직 전투 조직으로 편성되지는 못한 상태였다. 처음부터 퍼싱 장군은 미군이 하나의 독립된 군대로 작전을 수행해야 한다고 주장했다. 그는 연합군 전선의 맨 오른쪽, 아직은 군사 행동이 잠잠한 로렌 지방에 자신의 전선을 배정받았다. 그러나 미국이 놀라운 속도로 병력을 동원할 수 있었음에도 불구하고—선발 징병제는 1917년 5월에 도입되었다—중화기를 생산하기 위해 자국 공장에 설비를 갖추려면 시간이 더 필요했다. 그래서 전쟁이 끝날 때까지 미군은 탱크와 비행기, 그리고 가장 중요한 대포와 탄약을 유럽의 동맹국들한테 의존했다. 게다가 미군에게 전투 경험이 부족한 사실을 고려할 때 프랑스와 영국이 보기에는 이 미숙한 미군 부대들이 전투 기량을 쌓도록 적어도 초반에는 더 노련한 영국과 프랑스 양군에 배속시키는 편이 타당한 듯했다. 물론 이해할 만한 일이지만, 퍼싱은 윌슨 대통령의 방침에 따라 이를 완강히 거부했다. 그러나 일단 미군의 여러 사단이 편성되자 프랑스군의 지휘를 받는 것을 허락했다. 미군 제1사단은 5월 28

12. 포슈 원수와 퍼싱 장군: 구세계를 구원하러 온 신세계 군사 지도자.

일에—미국 군사(軍事)에서 주목할 만한 날이다—아미앵 남동쪽의 캉티니에서 처음으로 실전을 경험했고, 6월 초에 독일군이 샤토-티에리까지 침투했을 때는 다른 2개 사단이 프랑스 전선의 방어를 도왔다. 실전 경험이 부족한 이들의 용맹성 탓에 미군의 손실은 컸지만—1만 명이 넘는 병사가 다치거나 전사했다—그들은 금방 배웠다. 그리고 훤칠하고 쾌활하며, 잘 먹고 잘 자란 미국 중서부 출신 젊은이들의 존재 자체가 그들의 무한한 낙관주의와 더불어 지친 연합국 동료들에게 이 전쟁에서 이제는 질 리 없다는 확신을 심어주었다. 더 중요하게는, 연합군보다 더 지친 적에게 이제 이 전쟁에서는 이길 수 없다는 절망감도 심어주었다.

루덴도르프는 북쪽에서 영국군에게 최후의 일격을 가할 계획했지만 한 달간 망설인 끝에, 이번이 최후가 되길 바라며, 먼저 프랑스군에게 다시 한번 맹렬한 일격을 가하기로 결정했다. 그는 이 공격 작전에, 자신의 기진맥진한 병사들을 생각하여 프리덴스슈투름(Friedenssturm), 즉 '평화를 위한 일격'이라고 이름 붙였다. 이 일격은 7월 16일, 독일군이 마른 강까지 남진한 결과 형성된 돌출부의 동쪽 가장자리에 있는 랭스에 가해졌다. 그러나 이번에 프랑스군은 준비를 하고 있었다. 독일군 탈주병들이—그들의 많은 숫자 자체가 독일군의 사기 저하를 가리키는 지표였다—공격을 미리 알려, 프랑스군은 독일군의 포격에 선수를 칠 수 있었다. 프랑스군은 마침내 유연 방어의 교훈도 터득했다. 프랑스군은 독일군이 철조망과 지뢰, 몇몇 기관총 초소 이외에는 아무것도 없는 최전선을 포격하여 점령하게 놔둔 뒤 측면으로부터의 집중 포화와 사격으로 적을 몰살시켰다. 이틀 뒤 성미가 불같은 프랑스군의 샤를 망쟁(Charles Mangin) 장군이 미군 사단도 포함된 1개 군을 이끌고 독일군 전선 돌출부의 서쪽 측면에 대해 반격을 개시했다. 8월 5일까지 프랑스-미국-영국 연합군은 돌출부 전체를 탈환하고 3만 명의 포로를 사로잡았다. 루덴도르프는 계획중이던 북부에서의 최후 공격 명령을 중지했다. 마침내 그의 밑천이 바닥난 것이다.

1918년 7월 연합군의 반격

이제는 연합군이 공세를 취할 차례였다. 7월 26일, 포슈는 모든 전선에서 진격을 명령했다. 포슈는 위대한 전략가는 아니었지만 '전쟁에서 정신력 대 물리력의 비율은 3 대 1'이라는 나폴레옹의 격언을 구현한 사람이었다. 감화되기 쉬운 그의 투지는 1914년 마른 전투에서 독일군의 진격을 저지하는 데 크게 일조했다. 어떤 상황에서든 공격하려 하는 그의 결의는 종종 처참한 결과를 낳았지만, 연합군은 이제 포슈의 결의를 효과적으로 실현할 병력과 그보다 더 중요한 능력을 갖추고 있었다. 미군의 퍼싱 장군은 유럽 군대 사단의 2배 규모인 42개 사단을 운용할 수 있었고, 연합군 방어선의 우익에서 휘하의 42개 사단을 1개 군으로—나중에는 2개 군으로 나뉜다—재편성할 수 있었다. 그는 아르곤 숲을 관통하여 북쪽 방면을 공격함으로써 독일군에게 물자를 공급하는, 메츠에서 안트베르펜까지 좌우로 뻗은 주요 철도선을 위협했다. 2명의 싸움꾼 장군 망쟁과 구로(Gouraud)의 지휘로 활기를 되찾은 프랑스군이 연합국 전선의 중앙부에서 지속적인 압박을 가하는 동안, 연합국 전선의 좌익에서는 영국군이 합류 공격을 개시할 예정이었다. 미군을 재배치하고 프랑스군이 6월과 7월의 대전투들에서 회복되려면 시간이 걸릴 것이라는 이유에서, 8월 8일 아미앵 동쪽에서 첫 공격을 개시하는 임무는 영국군에게 떨어졌다.

그해 초 이래로 50만 명 정도의 병력을 잃은 사실을 감안하면 영국군은 놀랄 만큼 빠르게 회복되었는데, 그중에서도 특히 헤이그가 그랬다. 헤이그의 공격 정신은 포슈의 공격 정신처럼 자주 비참한 결과로 이어졌지만, 이제는 포슈처럼 그의 공격 정신이 열매를 거둘 때가 왔다. 독일군의 붕괴가 임박했다는 그의 잦은 예언이 마침내 현실이 되고 있었고, 1919년의 작전을 계획하고 있던 동료들과 달리 그는 연말까지는 연합국의 승리로 전쟁을 종결지을 수 있다고 믿었다. 그는 포슈의 지휘를 기꺼이 받아들였고, 또 쇄신된 참모들의 보좌를 받아, 그들이 개발한 새로운 전술 개념들에 귀를 기울이며 그것을 실행에 옮겼다. 그의 오스트레일리아와 캐나다 부대원들은 서부전선에서 최강의 전사들임을 입증했다. 그리고 많은 시행착오 끝에 영국군은 탱크를 어떻게 운용해야 하는지 깨쳤다. 7월 4일, 아멜에서 치른 성공적인 소규모 전투는 보병과 탱크의 협동 작전의 모범을 보여주었고, 같은 전술이 이제 훨씬 큰 규모로 적용되었다. 이로써 영국군은 완전히 숙달한 보병-포병 연락 기술과, 또다른 새로운 혁신인 저공비행 공격기의 활용을 결합함으로써, 2년 전에는 상상할 수 없던—그리고 실현 불가능했던—필승법을 제시했다. 영국군은 오른쪽 측면의 프랑스군과 함께 공격 첫날 11킬로미터를 진격하여 3만 명의 포로를 사로잡았다. 이는 독일군이 4년 동안의 싸움에서 처음으로 겪은 참패이자 돌이킬 수 없는 패배였고, 루덴도르프는 나중에 그날을 독일군 역사의 '어두운 날'이라고 음울하게 묘사했다.

독일군은 이제 1917년 초에 구축된 힌덴부르크 선을 향해 싸우면서 후퇴하기 시작했다. 그들의 기강이 완전히 무너진 것은 아니었다. 9월 초 힌덴부르크 선에 도달했을 무렵, 그들은 영국군에게 추가로 19만 명, 프랑스군에게 10만 명의 병력 손실을 안겼고, 영국 정부는 다시금 노심초사하기 시작했다. 그럼에도 9월 3일에 포슈는 전체 전선에서 새로운 공격 명령을 내렸다. '전원, 전투 개시!(Tout le monde à la bataille!)' 미군의 퍼싱 장군은 새로 편성된 미군이 활동이 잠잠한 전장인 로렌의 생미엘에서 독일군의 돌출부를 잘라내는 제한적 공세로 임무 수행을 시작해야 한다고 주장했다. 이틀간에 걸친 전투는 9월 14일에 종료되었고, 이후 퍼싱은 북쪽으로 방향을 돌려 9월 26일에 총공세에 합류했다. 다음날 영국군과 프랑스군은 24시간 동안 100만 발에 가까운 집중 포격으로 힌덴부르크 선의 본선을 공략했다. 이 공격은 마침내 루덴도르프의 기를 꺾었다. 9월 29일, 그는 카이저에게 이제 전쟁에서 승리할 가망은 없다고 보고했다. 파국을 피하려면 최대한 조기에 휴전을 맺어야 했다.

중부 세력의 붕괴

8월 초 이래로 독일군은 추가로 22만 8,000명을 잃었는데 그중 절반은 탈주로 인한 것이었다. 독일 참모부는 50개가 못 되는 사단만이 전투 능력이 있다고 여겼다. 기지에 주둔중인 부대는 국내로부터 전해지는 갈수록 비관적인 소식에 전염되고 공산주의 선전에 영향을 받아, 군사 반란까지는 아니라 해도 파업 일보 직전의 상황이었다. 그러나 상황이 더 나쁜 쪽은 오스트리아-헝가리 제국으로, 카를 황제가 프랑스에 절박하게 강화를 타진해온 사실은 1918년 4월에 프랑스 총리 클레망소에 의해 냉소적으로 공개되어버렸다. 남루하고 굶주리고 갈수록 개별 민족집단 단위로 해체되던 이 제국군은 6월 15일에 이탈리아 전선에서 마지막 공세에 나서도록 몰렸지만 2만 5,000명의 포로를 포함한 14만 3,000명의 병력을 잃고 격퇴되었을 뿐이다. 그러자 병사들이 대거 탈주하기 시작했다. 남아 있는 병사들은 빈이나 제국의 다른 도시들의 주민들처럼 병들고 굶어죽어가고 있었다. 9월 16일, 황제는 미국의 윌슨 대통령에게 공개적으로 강화를 호소하고, 합스부르크 제국을 연방국가로 탈바꿈시킬 것이라고 선언함으로써 민족 단위로 뿔뿔이 해체되는 사태를 막고자 했다. 10월 24일에 프랑스군과 영국군에서 파견한 사단들로 크게 증원된 이탈리아군이 드디어 공세를 감행하자 48시간 뒤 오스트리아군은 완전히 와해되었고, 연합군은 그들의 후퇴 속도를 따라잡을 수 없을 지경이었다. 이탈리아군은 때마침 비토리오 베네토에서 마지막 단독 공격을 감행하여 엄청난 수의 포로를 사로잡았는데, 11월 4일로 합의된 휴전이 발효되기 이틀 전이었다.

그사이 오랫동안 잠잠하던 마케도니아 전선은 정력적인 새로운 사령관 프랑셰 데스프레(Franchet d'Esperey) 장군의 등장으로 활기를 띠게 되었다. 9월 15일, 프랑스군과 세르비아군의 산악부대가 그때까지 난공불락이던 불가리아 진영을 공격해 승리를 거두었다. 그리스군과 영국군도 합세했다. 불가리아군은 독일과 오스트리아의 지원이 사라지자 9월 30일에 항복했는데, 이는 중부 세력 가운데 첫 항복이었다. 한 달 뒤인 10월 30일에는 터키가 뒤를 따랐다. 항복하여 중동 전선에서 자유로워진 터키군은 1919년까지 캅카스 전역을 계속할 수 있었다.

독일에서는 휴전을 요청하기로 한 루덴도르프의 결정이 모종의 결과를 내기까지 6주가 흘러버렸다. 그에게 휴전이란 독일군의 재집결과 합의에 의한 강화로 이어질 교섭을 가능케 하는 교전 활동 중지, 딱 그만큼을 의미했다. 그는 "만약 적이 우리에게 강화를 허락하지 않거나 수치스러운 강화만 허락한다면 전쟁을 계속하겠다는 단호한 결의가 있음을 분명하게 밝혀야 한다"고 주장했다. 그는 마침내 독일이 벨기에와 알자스-로렌 지방을 내놓아야 한다는 안을 수용했지만, 동부에서의 독일 점령지는 '볼셰비즘'에 맞설 보루로서 보유가 허용될 거라는 희망을 버리지 않았다. 게다가 그는 연합국이 베를린의 기존 정권과는 협상하지 않는다고 사실상 결의했고, 따라서 강화 교섭의 책임을—그리고 오명을—떠맡을 새 정권이 들어서야 한다는 것도 인식하고 있었다. 그래서 10월 3일,

카이저는 전직 베를린 주재 미국 대사가 "인간답게 생각할 줄 아는 것처럼 보이는 몇 안 되는 독일 고위 인사 가운데 한 명"이라고 묘사한 합리적인 온건파 바덴 공 막스를 수상으로 임명한 뒤, 즉각 휴전을 요청하는 내용을 가지고 윌슨 대통령과 접촉하라고 지시했다. 막스가 이의를 제기하자 카이저는 그에게 "최고사령부는 즉각 휴전이 필요하다고 생각하고 있고, 자넨 최고사령부에 문제를 일으키라고 여기에 불려나온 게 아니네"라고 퉁명스럽게 통보했다. 순순히 말을 들은 막스는 다음날 자신과 가장 접촉 가능한—아니 적어도 접촉 불가능하지는 않은—윌슨 대통령에게 '대통령이 1월 8일에 제시한 온건한 강령을 기초로 한' 평화 회복을 위해 조치를 취해달라고 요청했다. 그 온건한 강령이란 바로 평화원칙 14개조였다(부록 1 참조).

그러나 10월의 윌슨은 더이상 1월 당시의 윌슨이 아니었다. 당시 윌슨은 자신에게나 타인에게나 싸움을 초월한 인물로 보일 만했다. 그는 평화원칙 14개조에 대해 누구하고도—여전히 동맹국으로 간주하지 않은 '공동 교전국'들과는 확실히—상의하지 않았다(공식 동맹이 없었기 때문에 미국은 공동 교전국들을 그저 '관련 우방국associated powers'이라고 불렀다). 그러나 14개조 선언 이후 독일은 러시아에 브레스트-리토프스크 조약에서 러시아에 부과한 요구 사항으로 자신들이 생각하는 강화 조건을 드러내보였다. 더 중요한 것은, 미국이 지난 8개월 동안 프랑스에서 무력을 사용하여 전쟁에 개입해왔고 이 과정에서 다수의 미국 청년들이 전사했다는 사실이었다. 그리고 10월 12일에는 독일 잠수함이 여객선 렌스터 호를 격침시켜 수백 명의 영국인과 미국인이 목숨을 잃었다. 미국인들은 이제 전쟁에 지친 유럽인들보다 더 극심한 전쟁 심리에 사로잡혀 있었다. 독일과 주고받은 통고문에서 윌슨은 자신이 더이상 자비로운 데우스 엑스 마키나('기계 장치의 신', 흔히 편리한 문제 해결 수단을 가리킨다—옮긴이)가 아니라, 완강한 전승국 동맹의 지도자임을 분명히 했다. 그는 자신이 "정당하게 고려할 수 있다고 생각하는 유일한 휴전은 미국과 관련 우방국들이 독일로 하여금 적대 행위를 재개할 수 없도록 하는 협의 내용을 독일에 강요할 수 있는 입장에 서는 것"이라고 밝혔다. 더 나아가 교섭의 조건으로 독일이 입헌국가로 거듭날 것을 요구했다. 그럼으로써 "어디서나 단독으로, 비밀리에, 그리고 독단적으로 세계 평화를 저해할 수 있는 모든 자의적 권력의 폐지를 확실히 하고 만약 그러한 권력을 지금 당장 폐지할 수 없다면 적어도 사실상 무력한 상태로 축소시켜야 한다"고 요구했다.

루덴도르프는 이런 조건들을 듣고 협상을 중단시키려고 했으나 휘하 장군들이 말렸다. "병사들의 사기가 심각하게 저하

되었다. 그들의 항전 능력은 날마다 줄어들고 있다. 그들은 적이 공격해올 때마다 떼로 항복하며, 보급 기지 주변으로는 수천 명의 약탈자들이 들끓고 있다. …… 적군이 독일 영토로 침입하기 전에 무슨 일이 있어도 강화를 해야 한다"고 루덴도르프의 군 사령관 중 한 명인 바이에른의 루프레히트 공이 보고했다. 베를린의 정부는 더 임박한 공포에 사로잡혀 있었다. 독일 안에서 터져나오는 혁명에 대한 공포였다. 독일 수상 바덴 공 막스는 지난 반세기 동안 카이저와 군대가 저항해온 모든 체제 개혁을 3주 만에 속성으로 단행함으로써 혁명의 기선을 제압하고자 최선의 노력을 다했다. 10월 말이 되자 제국의회는 비밀·보통 선거에 의해 선출되는 주권의 최고 기관이 되었고, 전쟁성장관을 포함한 모든 장관들은 제국의회에 책임을 지게 되었다. 최고 전쟁 지도자인 황제 빌헬름 2세는 그의 사촌인 영국왕(조지 5세)과 마찬가지로 실권이 없는 입헌군주로 위상이 바뀌었다. 이제 대담해진 막스는 루덴도르프의 해임을 요구했고 카이저는 만족감을 감추지 못한 채 여기에 동의했다. 힌덴부르크는 누구도 대신할 수 없는 명목상의 지도자로 남았지만, 루덴도르프의 자리는 역시 평민 출신인 빌헬름 그뢰너(Wilhelm Groener) 장군이 대신했다. 그는 최고 전쟁성(노동력과 물자 배분 등 전시경제를 총괄하던 부서—옮긴이)의 수장으로서 후방 전선의 사회적·경제적 문제들에 정통했다.

그러나 만사가 너무 늦었다. 독일 국민들은 자신들의 군대가 어디서나 승승장구하고 계속 승승장구할 것이라고 믿으면서, 점점 커져만 가는, 그리고 나중에는 거의 참을 수 없는 곤경을 견뎌왔다. 군대가 와해 직전이라는 사실이 드러나자 정권에 대한 모든 신뢰가 사라졌다. 10월 29일, 해군 수병들은 해군의 명예를 중시하는 제독들이 계획한 '죽음의 질주'에 가담해 함정을 몰고 나가는 대신에 반란을 일으켰다. 일주일 사이에 반란은 독일 전역의 모든 대도시로 퍼져나가 혁명으로 진화했다. 노동자·병사 평의회가 러시아의 소비에트 모델에 따라 권력을 장악했다. 바이에른에서는 독립 공화국의 수립을 선포했다. 군의 후방 부대는 반란을 일으켜 라인 강 도하 지점들을 장악했다. 군 사령부에서는 군대를 독일 국내로 진군시켜 '질서를 회복'해야 한다는 말들이 무성했지만, 그뢰너는 그 무기가 자기 수중에서 부서지리라는 사실을 잘 알고 있었다. 그는 세 가지 조건이 충족되지 않는 한 혁명이 불가피하다는 것을 깨달았다. 첫째, 황제가 퇴위해야 한다. 둘째, 군대는 제국의회의 다수파 세력이며, 지금의 정치적 폭풍에 올라탈 수 있는 유일한 세력인 사회민주당을 지지해야 한다. 셋째, 즉시 강화를 해야 한다. 무슨 수를 써서라도.

그리하여 11월 9일, 그뢰너는 황제에게 더이상 군의 신뢰를 얻을 수 없다고 알리고 그를 망명지 네덜란드로 떠나 보냈다. 베를린에서는 사민당 지도자 필립 샤이데만(Philipp Scheidemann)과 프리드리히 에베르트(Friedrich Ebert)가 공화국 수립을 선포하고 혁명 조짐에 맞서 군대의 지원을 약속받았다. 그리고 파리 근교의 콩피에뉴 숲속의 열차 객차에서 연합군 전쟁 지도자들과 만나 강화 조건을 협상할 대표단이 부랴부랴 구성되었다.

지상전에 관한 한, 연합국의 조건은 대체로 프랑스측이 좌우했다. 적대 행위를 최대한 서둘러 종결하고 싶었던 영국은 조건들을 좀더 완화했을 것이다. 미군의 퍼싱 장군은 싸움을 몹시 원하는, 이제 막 피를 본 군대와 '무조건 항복'을 부르짖는 본국의 여론을 감안하면 결국 어떤 조건도 승낙하지 않았을 것이다. 연합국이 내건 휴전 조건은 다음과 같았다. 첫째, 독일군은 14일 안으로 벨기에와 프랑스의 영토에서 모두 철수한다. 둘째, 연합군은 라인 강 좌안의 독일 영토 전부와, 마인츠, 코블렌츠, 쾰른의 교두보를 포함해 라인 강 우안으로부터 10킬로미터까지 점령한다. 셋째, 1914년 이후 독일이 점령한 동유럽의 영토는 모두 포기한다. 넷째, 함대 대부분과 잠수함 전부를 포함해 대량의 전쟁 물자를 연합국에 넘긴다. 그리고 마지막으로, 연합국의 해상 봉쇄는 최종적으로 강화조약이 조인될 때까지 계속된다. 이에 맞서 독일 대표단은 이런 조건은 오로지 볼셰비키만 득을 볼 무정부 상태와 기아를 초래할 것이라고 항의했다. 그러나 연합국 대표단의 우두머리인 포슈 장군은 완강했다. 독일 대표단에게는 자신들의 사형 집행 영장이 되리라고 생각한 문서에 서명하는 것 말고는 다른 대안이 없었고, 그들의 생각에는 어느 정도 일리가 있었다. 독일 대표단의 일원인 마티아스 에르츠베르거(Mathias Erzberger)의 경우에 그 예감은 사실이었다. 그는 극우파들에게 쫓겨다니다 2년 뒤 암살되었다.

그리하여 11월 11일 오전 11시, 11번째 달의 11번째 날, 11번째 시간(기한 막판이라는 중의적 의미도 있다—옮긴이)에 서부전선의 포성이 마침내 그쳤고, 이제 양측은 죽은 자들을 추모할 수 있게 되었다.

제 9 장

강화 합의

강화를 협의하기 위해 1919년 1월 파리에 모인 연합국 정치가들은 1814년 빈에 모인 전임자들과는 전혀 다른 상황에 처해 있었다. 파리에 모인 그들에게는 질서와 정의, 민족자결, 또는 전통적인 세력균형 같은 원칙들에 맞게 세계를 재조정할 재량권이 없었다. 여전히 전쟁 열기에 사로잡혀 있는 유권자들에게 책임을 지고 있었고, 그들의 격렬한 감정과 편견들을 무시할 수 없었다. 어쨌거나 러시아 제국, 합스부르크 제국, 호엔촐레른 왕조(독일 제국)의 붕괴 과정에서 커져만 가는 중유럽의 대혼란상은 강화를 할 수 있는 안정된 체제가 라인 강 동쪽에 존재하기는 하는지 의심스럽게 만들었다.

독일

강화 회의 자체는 회의에 직접 참석한 것이 현명하지 않았을 수도 있는 미국의 윌슨 대통령과 프랑스의 클레망소 총리의 무언의 대결을 중심으로 돌아갔다. 두 사람은 각자 다른 의제를 갖고 있었다. 윌슨의 의제는 국제연맹의 후원 아래 새로운 세계 질서를 창조하는 것이었다. 그는 국제연맹의 창설을 위해 최선의 노력을 기울였지만 미국 의회가 대통령이 요구한 조건 대로 국제연맹에 가입하는 것을 거부함으로써 자신의 작품이 파괴되는 상황을 지켜보아야만 했다. 프랑스 국민의 전폭적인 지지와, 처음에는 영국의 지지도 업은 클레망소의 의제는 독일이 유럽의 안정을 두 번 다시 위협하지 못하도록 유럽을 재구축하는 것이었다. 앞서 본 대로 당시 인구가 4,000만 명이 채 못 되는 프랑스는, 자국이 결코 누릴 수 없는 막강한 공업력과 잠재력을 보유한 독일에 맞서야 했다. 여기에 균형을 맞추기 위해 1914년 이전에 프랑스가 기댔던 균형추는 수십 억 프랑의 투자 자본과 함께 사라져버린 러시아 제국이었다. 따라서 프랑스의 시각에서는 독일을 약화시키기 위해 가능한 모든 것을 해야 했다. 유럽 동부에서는 독일의 영토를 최대한 빼앗아 프랑스의 영향력 아래 완충 지대 기능을 할 새로운 국가들을 건설해야 한다. 이 국가들은 동쪽 볼셰비즘의 잠식 위협을 물리치는 동시에 독일의 세력을 억제하는 수단으로서 러시아의 자리를 대신할 터였다. 유럽의 서부에서는 귀중한 철광석 산지를 보유한 알자스와 로렌 지방만 회복하는 것이 아니라 석탄이 풍부한 자르 분지도 추가로 확보해야 한다. 더 나아가, 가능하다면 라인 강 좌안의 독일령인 라인란트 지방도 독일로부터 완전히 분리시켜, 프랑스 국경을 보호하는 완충 지대로서 프랑스의 보호 아래 자치국 혹은 국가연합을 세워야 한다. 그러나 이것은 영국이 수용할 수 없는 방안이었다. 그러한 보호국은 단순히 알자스-로렌의 할양을 뒤집은 꼴로, 지속적인 불화의 원인이 될 것이기 때문이었다. 따라서 양측은 라인 강 좌안 전체와 우안 60킬로미터까지의 지역을 비무장화하는 안에 합의하고, 전쟁 피해 배상금 지불이 완료될 때까지 연합국 군대를 주둔시키기로 했다. 자르 탄전의 소유권은 프랑스에 넘기기로 했으나 자르 지방 자체는 국제연맹이 15년간 관리한 뒤 어느 쪽에 귀속시킬 것인지 주민투표로 결정하기로 했다. 이같은 합의 내용은 꽤 합당한 것으로, 1924년 로카르노 조약에 의해 정식 승인을 받게 되며, 그 자체로 또다른 전쟁을 촉발할 가능성은 별로 없었다.

독일의 동부 국경 지대는 훨씬 더 어려운 문제를 제기했다. 윌슨의 평화원칙 14개조 가운데 하나는 폴란드의 독립 회복을 명시했는데, 폴란드는 18세기 말 이래로 독일, 러시아, 오스트리아의 세 제국에 의해 분할되어 있었다. 신생 폴란드의 핵심이 될 땅은 바르샤바 대공국으로, 이곳은 폴란드인이 압도적으로 많았으나 1814년 이래로 러시아 제국의 일부였다. 러시아는 이제 러시아령 폴란드의 독립이나, 이전 러시아 영토였던 발트 해 연안의 핀란드, 에스토니아, 라트비아, 리투아니아의 독립에 이의를 제기할 처지가 아니었다. 합스부르크 제국도 갈리치아의 폴란드 영토의 보유를 주장할 수 없기는 마찬가지였다. 그러나 독일령 폴란드—상부 슐레지엔(실론스크), 포젠(포즈난), 그리고 서프로이센—는 다른 문제였다. 이 지역들은 독일인들이 여러 세대에 걸쳐 다수 정착해 살아왔다. 설상가상으로 신생 폴란드는 바다로 통하는 영토를 약속받았다. 그러자면 폴란드에 비스와 강 하류 지역을 내주어야만 했는데, 이 지역의 인구는 여러 민족이 섞여 있었고, 특히 항구 도시 단치히(그단스크)의 인구는 거의 전적으로 독일인으로만 이루어져 있었다. 이 방안은 독일과 동프로이센을 분리하는 결과를 낳았는데, 동프로이센은 독일의 유서 깊은 심장부로 널리 여겨져왔다. 아마 이 정도가 1945년에 벌어질 대규모 '민족 청소' 없이 달성할 수 있는 최선의 합의안이었을 것이다. 그러나 독일인들은 기회만 되면 이 합의안을 뒤집어버릴 의사를 전혀 감추지 않았다.

이같은 영토 상실을 수용한 독일은 군비 축소, 해외 식민지 포기, 전승국인 연합국에 대한 막대한 전쟁 피해 배상금의 지불도 요구받았다. 독일 육군은 병력이 10만 명으로 감축되고, 탱크 같은 '공격적 무기'도 보유할 수 없었다. 연합국의 선전에서 악마로 그려진 참모부는 해체되었다. 공군은 폐지되었다. 또한 해군의 선박 건조는 총 배수량 10만 톤 이하로 제한되었다. 승전국들은 이같은 조치가 '모든 국가의 포괄적 군비 제한의 시작이 될 것'이라고 주장했다. 그러나 포괄적 군비 제한은 단행되지 않았고, 이러한 실패는 독일이 15년 뒤 각종 규제 조치들을 규탄하고 재무장을 시작할 때 좋은 구실로 이용된다.

물론 독일은 해외 식민지를 상실했다. 그러나 연합국이 윌슨의 주도 아래 '병합'을 배격했기 때문에, 독일의 식민지를 차지한 국가들(주로 영국과 영국의 자치령들이었다)은 국제연맹의 '위임'을 받는 형태로 보유했다. 마찬가지로 연합국은 패전국이 보통 전승국에 대해 물어야 하는 '배상금(indemnities)'도 거부했다. 대신에 자국 민간인이 입은 피해에 대한 '전쟁 피해 배상금(reparation)'을 요구했다. 처음에 이같은 개념 정의는 독일군에 유린당한 프랑스와 벨기에 주민들에게 적용될 터였다. 그러나 영국과 프랑스는 재빨리 그 적용 범위를 확대해 전시 국채의 이자와 같은 중요하지 않은 지출이나 국가 재건에 관한 일반 비용뿐만 아니라 상이군이나 전사자의 고아와 과부에 대한 연금까지 부담하게 만들었다. 그 총액이 너무 막대하여 산정조차 할 수 없을 정도였다. 강화 회의는 이 모든 문제를 전쟁 피해 배상 위원회에 위임했고, 위원회는 1921년에 보고서를 제출하기로 했다. 그동안 독일은 위원회의 결정을 수용하고, 우선 2,000만 마르크를 지불하기로 약속해야 했다. 연합국은 지불을 강제하기 위해 라인 강변에 군대를 주둔시키고 채무를 이행하지 않을 경우 독일 영토를 재점령할 권한을 가졌다.

이러한 요구 사항들에 담긴 온전한 의미는 존 메이너드 케인스의 저서 『강화 회의의 경제적 귀결』에서 빛나는 독설적 웅변으로 통렬히 비판받을 터였다. 결국 배상 약속은 이행되지 않고 어물쩍 넘어가게 된다. 그러나 그때쯤이면 독일인들은 자신들을 집어삼킨 경제적 재난들을 모조리 배상 요구 탓으로 돌릴 수 있게 된다. 그런데 배상 요구보다 더 받아들일 수 없는 것은 애초에 연합국이 전쟁 피해 배상금을 부과한 근거, 바로 이른바 독일의 전쟁 책임 조항이었다. 여전히 대부분의 독일인들은 전쟁이 적들에 의해 강요됐고, 지난 5년 동안 자신들의 희생은 대의명분을 위한 것이었다고 생각했다. 더 나아가 많은 이들은 자신들이 패배하지 않았다고 생각했다. 그들은 오로지 휴전 조건을 놓고 연합국에 기만당했고, 제국의 적들(Reichsfeinde), 즉 권력을 장악하기 위해 당시의 곤경을 이용한 사회주의자와 유대인들한테 '등 뒤에서 찔렸기' 때문에 마땅히 자기들 차지인 승리를 빼앗겼다고 주장했다. 심지어 이같은 돌히슈토스(Dolchstoß: 등 뒤에서 찌르기) 신화를 받아들이지 않는 사람들에게도 이후 집권하는 독일 정부의 정통성은 조약이 부과한 예속 상태를 변경할 수 있는지 여부에 달려 있었다. 나중에 아돌프 히틀러가 그렇게 폭넓은 지지를 이끌어낸 것은 그 일에 성공했기 때문이다.

오스트리아-헝가리 제국

합스부르크 이중군주국의 해체도 똑같이 쓰라린 유산을 남겼다. 군주국 가운데 오스트리아는 체코인이 헝가리에 거주하는 사촌인 슬로바키아인과 손을 잡고 건설한 체코슬로바키아 공화국에 북쪽 영토를 넘겨주었다. 그러나 이 신생 공화국의 서부 국경 지역인 주데텐란트에는 독일인 소수집단이 포함되어 있어 우려를 안겼다. 오스트리아 남쪽으로는 슬로베니아인이 헝가리에 거주하는 사촌인 크로아티아인, 세르비아인과 손잡고 '세르비아 크로아티아 슬로베니아 왕국'이라는 어색한 이름의 배를 함께 타게 되었고, 이 왕국은 나중에 유고슬라비아(남南슬라브 족이라는 뜻)로 이름이 바뀐다. 오스트리아는 아드리아 해의 주요 항구인 트리에스테를 비롯해 알프스 이남의 이탈리아어권 영토도 상실했다. 그러나 이탈리아에 약속되었던 아드리아 해 동해안 지역은 이제 '해방된' 남슬라브 족이 차지했고, 그들은 트리에스테와 그 배후지의 영유권을 주장했다. 오스트리아에 남은 전부인 독일어권 영토는 원래 북쪽의 신생 독일 공화국(바이마르 공화국)에 합류하려고 했지만 이러한 병합은 연합국에 의해 금지되었다. 결국 오스트리아는 다음 20년 동안 독립국가로 남아 있다가, 1938년에 과거 오스트리아 시민이었던 아돌프 히틀러에 의해 대중의 열렬한 환호 속에 나치 독일에 병합(Anschluss)되었다. 헝가리는 북부의 슬로바키아와 남부의 크로아티아를 상실했을 뿐 아니라 동부에서도 영토가 크게 늘어난 루마니아에 트란실바니아를 상실했으며, 이 과정에서 추악한 소규모 내전을 겪었다. 혼란 속에서 부상한 우익 독재자 호르티(Horthy) 제독은 합스부르크 왕가의 폐지가 유효하다는 사실을 인정하지 않고 자신은 그들을 대신하여 섭정으로서 다스릴 뿐이라고 선언했다. 그는 섭정을 이어가다 2차세계대전 말기에 권좌에서 축출되었다.

오스만 제국

터키는 처음에 독일만큼 가혹한 처우를 받았다. 프랑스나 영국의 세력 아래 있는 신생 국가들—시리아, 레바논, 이라크, 사우디아라비아, 팔레스타인, 트랜스요르단—에 아라비아 반도의 영토를 상실했을 뿐 아니라, 1915년의 런던 조약에 따라 안탈리아(아달리아)의 영유권을 주장하는 이탈리아, 그리고 트라키아와 아나톨리아 지방, 특히 상당수의 그리스인 소수집단이 거주하는 스미르나(이즈미르)의 영유권을 주장하는 그리스의 침공을 받았다. 이같은 외세의 강권에 대한 대중의 분노에 힘입어, 무스타파 케말 아타튀르크가 새로운 정권을 탄생시켰다. 그는 아나톨리아 지방에서 그리스 세력을 몰아내고 보스포루스·다르다넬스 양 해협을 점령하고 있던 영국군에게도 똑같이 매운맛을 보여줄 기세였다. 혼란스러운 3년이 흐른 뒤, 1923년 로잔 합의로 터키는 유럽으로 통하는 발판인 동부 트라키아와 더불어 아나톨리아 지방과 양 해협의 배타적 지배를 인정받았다. 여기에는 양 해협 일대는 비무장화한다는 조건이 붙었다. 스미르나의 그리스계 주민들은 무자비하게 쫓겨났고, 에게 해의 도서 영유권을 둘러싼 그리스와 터키의 분쟁은 20세기를 넘어서까지 계속되었다.

베르사유 평화 협정은 악평을 들어왔지만 그 조항들 대부분은 세월의 시련을 견뎌냈다. 조약이 탄생시킨 국가들은 국경선이 약간 변동되긴 했지만 지난 세기 말까지 살아남았다. 1990년대에 체코와 슬로바키아는 평화롭게 분리된 반면, 언제나 불안정했던 유고슬라비아는 해체되는 과정에서 새로운 전쟁 위협을 가져왔다. 프랑스와 독일의 접경 지대는 안정되었다. 유럽에서 오스만 제국의 존재로 야기된 '동방 문제'는 완전히 해소되었다. 그러나 '독일 문제'는 풀리지 않은 채로 남아 있었다. 제1차세계대전에서의 패배에도 불구하고 독일은 유럽에서 가장 강력한 국가로 남아 있었으며, 적어도 동쪽 국경선에 관한 결정은 반드시 뒤집으려 했다. 균형을 회복하려는 프랑스의 시도는 소련에 대한 이데올로기적 불신, 동유럽 동맹국들의 허약성, 그리고 두 번 다시는 유사한 시련을 겪지 않으려는 자국민들의 심한 거부감으로 인해 실패할 수밖에 없었다. 영국 국민들도 마찬가지로 개입하기를 꺼렸다. 국내 문제와 제국의 문제들 외에도 점점 더 대중의 뇌리를 사로잡는 전쟁에 대한 끔찍한 이미지 때문에, 연이은 정부들은 독일의 요구를 거부하기보다 들어주는 식의 해법을 추구하게 되었다. 미국의 경우 유럽에 대한 개입은 고약한 실수이자 두 번 다시 되풀이해서는 안 될 실수로 널리 여겨졌다.

강화 조약의 조항들이 공표되었을 때 혜안이 있던 한 영국의 만평가가 윌슨과 로이드 조지, 클레망소가 파리 강화 회의장에서 나오는 모습을 묘사했다. 세 사람 중 누군가가 이렇게 말한다. "이상하군. 어디서 아이 울음소리가 들리는 것 같은데." 아니나 다를까 기둥 뒤에서 한 꼬마 아이가 엉엉 울고 있고, 아이의 머리 위로는 '1940년도 동기생'이라는 글자가 박혀 있었다.

부록 1 | 윌슨 대통령의 평화원칙 14개조

1918년 1월 8일, 윌슨 대통령은 의회 교서에서 다음과 같은 '평화원칙 14개조'를 공표했다.

1. ……열린 토의를 통한 공개적 강화 협정.
2. 전시와 평시를 불문하고 영해를 벗어난 공해에서의 항행의 절대적 자유……
3. 가능한 한, 모든 경제적 장벽의 제거와, 강화에 동의하는 모든 나라 간의 평등한 무역 조건의 확립……
4. ……각국의 군비는 국내의 치안을 유지할 수 있는 수준으로까지 축소.
5. ……식민지 영유권에 대한 불편부당한 조정.
6. 러시아 영토 전역에서 철수……
7. 벨기에의 영토 회복과 군대 철수…… 모든 자유로운 나라들과 마찬가지로 벨기에가 누려야 할 주권을 제한하려는 어떠한 시도도 불가.
8. 프랑스의 모든 영토는 해방되어야 하고 침략당한 지역은 회복되어야 한다. 1871년에 독일이 알자스-로렌 문제로 프랑스에 저지른 잘못은…… 바로잡아야 한다.
9. 이탈리아의 국경선은 분명하게 구분되는 민족성의 원칙에 따라 재조정되어야 한다.

10. 오스트리아-헝가리의 여러 민족들은…… 자율적 발전을 위한 자유로운 기회를 얻어야 한다.
11. 루마니아, 세르비아, 몬테네그로에서 군대 철수. 점령지 회복. 세르비아는 바다로의 자유롭고 안전한 접근을 보장받아야 하며……
12. 현 오스만 투르크 제국의 터키 지방은 확고한 주권을 보장받아야 하며, 현재 터키의 지배를 받는 다른 민족들은 확고한 생명의 안전을 보장받고 자율적 발전의 기회를 전적으로 방해받지 않아야 한다……
13. 폴란드 주민들이 분명하게 거주하는 영역을 포함하는 폴란드 독립국가가 수립되어야 하며, 바다로의 자유롭고 안전한 접근을 보장받아야 한다……
14. 강대국과 약소국 모두에 정치적 독립과 영토 보전을 상호 보장하기 위한 특수 협약 아래, 포괄적인 국가 연합체가 수립되어야 한다.

부록 2 | 전쟁의 피해

	인구	동원 병력	사망(명)
중부 세력			
오스트리아-헝가리	5,200만	780만	120만
독일	6,700만	1,100만	180만
터키(오스만 투르크)		280만	32만
불가리아		120만	9만
연합국			
프랑스	3,650만	840만	140만
영국	4,600만	620만	74만
영(英)제국(영국 식민지)		270만	17만
러시아	1억 6,400만	1,200만	170만
이탈리아	3,700만	560만	46만
미국	9,300만	430만	11만 5,000

더 읽을거리

제1차세계대전 관련 문헌은 매우 방대하기 때문에 입문자들은 몇몇 개설서에서 출발하는 것이 좋다.

전쟁의 원인에 대한 가장 훌륭한 연구서는 관련 논쟁들을 모두 다룬 James Joll, *The Origins of the First World War*(London 1984)이다. 전쟁에 대한 가장 훌륭한 연구서는 참고문헌이 풍부한 Ian Beckett, *The Great War 1914-1918*(Harlow 2001)이며, 더 간략하고도 종합적인 설명은 Hew Strachan(ed.), *The Oxford Illustrated History of the First World War*(Oxford 1998)를 보라. Strachan의 권위 있는 연구서는 총 3권 가운데 1권인 *The First World War 1. To Arms*(Oxford 2000)만 출간되었다. 이 책은 1914년 말까지의 유럽 상황만 다루고 있지만 전쟁의 더 폭넓은 측면들을 매우 효과적으로 다루기 때문에 벌써부터 없어서는 안 될 책이 되었다. Martin Gilbert, *The First World War*(London 1994)는 풍성한 일화 및 사진과 함께 유용한 연대기적 설명을 제공한다.

영국 역사가들의 저작 대부분은 이 책을 비롯해 불가피하게 영국 중심적인 경향이 있고 서부전선에 지나치게 집중하는지도 모른다. 이같은 시각은 Norman Stone, *The Eastern Front*(London 1975)와 Holger H. Herwig, *The First World War: Germany and Austria-Hungary*(London 1997)를 읽음으로써 교정할 필요가 있다. 국가별 전쟁 노력에 관해서는 J. M. Bourne, *Britain and the Great War*(London, 1989); J. F. Becker, *The Great War and the French People*(Leamington Spa 1985); Roger Chickering, *Imperial Germany and the Great War*(Cambridge 1998); David Kennedy, *Over Here; the Great War and American Society*(New York 1980)를 보라.

전쟁의 경제적 측면에 대해서는 Gerd Hardach, *The First World War 1914~1918* (London 1977)이 간결하면서도 종합적인 시각을 보여준다. Niall Ferguson, *The Pity of War*(London 1998)는 매우 중요한 정보들을 담고 있으나 다소 논쟁적인 저작이다.

역자 후기

학교를 졸업한 뒤에 우리 가운데 누가 가장 출세할 것인지 학창 시절에 종종 생각해보곤 했다. 그러나 전쟁으로 내 예측은 모두 빗나가버렸다. (…) 내 동기생들은 셋 중 한 명꼴로 전사했다.
—로버트 그레이브스, 『저 모든 것과의 이별Good-bye to All That』

그것은 민주주의의 시대에는 전장에서 단순히 군대를 패배시킨다고 해서 전쟁에서 승리할 수는 없다는 것을 보여주었다. 전쟁을 지탱하는 국민들한테서 싸울 의지를 완전히 뿌리 뽑아야 하는 것이다. 1차세계대전에서 그것은 군대 자체를 소모시키고 민간인을 굶주리게 함으로써 가능해진다.
—마이클 하워드, 『보불전쟁The Franco-Prussian War』

제1차세계대전은 서양 역사에서 흔히 현대사의 기점으로 여겨진다. 역사가 바바라 터크먼은 대전 이전 유럽 사회의 초상을 그린 책(The Proud Tower)에서 그 시절의 유럽을 에드거 앨런 포의 시구를 인용하여 '당당한 탑'이라고 일컬었다. 그러나 전쟁으로 당당한 탑은 무너졌고 그와 더불어 한 세계도 사라졌다. 국가적 차원에서 유럽의 옛 제국들이 해체되었을 뿐 아니라 대중 의식 차원에서도 전례 없는 대량 살상 앞에서 현대적 감수성이 형성되었다. 이 책은 세계사에서 말 그대로 획기적 사건이었던 1차대전의 발발 원인부터 전개 과정 그리고 그 전후 처리까지를 200쪽 남짓한 분량으로 다룬다. 압축적으로 서술한 본서의 내용을 다시금 요약하는 일은 역자의 능력 밖이다. 여기서는 역자가 생각하는 본서의 핵심적 요점만 짚어보고자 한다.

첫째, 저자는 1차대전의 발발 배경을 주로 기존 강국 영국과 신흥 강국 독일 간 경쟁의 격화라는 측면에서 설명한다. 독일은 유럽을 벗어나 세계 강국으로 발돋움하기를 바랐고, 따라서 어떤 식으로든 영국과의 대결은 불가피하다고 여겼다. 이러한 심리 상태에서 '7월 위기' 당시 독일의 정책 결정자들은 이미 러시아와 프랑스를 상대로 한 유럽 전쟁의 발발은 기정사실화한 채, 오로지 영국의 개입을 두고 도박을 벌였던 것이다. 결국 군부의 전략적 고려에 따라 독일이 중립국 벨기에를 침공함으로써 영국은 개입의 명분과 여론의 지지를 얻을 수 있었고 유럽 전쟁은 세계 전쟁으로 비화했다.

둘째, 저자는 1차대전이 기존의 제한전들과 달리 어마어마한 사상자를 낳은 장기 총력전이 된 까닭을 "발전된 군사 기술과 전쟁을 수행한 국민들의 문화가 결합된 탓"이라고 설명한다. 소총과 장거리 중포 등의 화기는 비약적으로 발전했지만, 그에 비하면 전서구와 연락병을 이용한 통신 기술은 원시적이라 해도 될 정도였다. 이렇듯 군사 기술의 비대칭적 발전으로 서부전선의 전쟁 양상은 방어가 절대적으로 유리한 참호전의 교착 상태로 귀결되었다.

주목할 점은 이 교착 상태에서 사상자만 늘어가는데도 기존의 전쟁과 달리 국민들이 계속해서 전쟁 수행을 지지했다는 사실이다. 흥미롭게도 여기서 저자는 클라우제비츠의 권위자답게 클라우제비츠가 말하는 전쟁의 세 요소를 거론한다(저자는 『전쟁론』을 영역한 바 있다). 즉 "전쟁이란 정부 정책과 군부의 행위들, 그리고 '민족들의 열정'으로 이루어진 삼위일체"이다. 이 요소들 가운데 셋째 요소인 민족들의 열정이야말로 전쟁을 정책 결정자들이나 군부의 문제만이 아니라 전 국민적 사안으로 탈바꿈시켰다. 이와 관련해 19세기는 민족주의의 시대였고 민족주의를 추진력 삼아 수립된 근대 국민국가는 국민 개병제와 공교육 제도 등을 통해 국민들에게 애국주의적 의무감을 고양해왔다는 사실을 염두에 둘 필요가 있다.

셋째, 저자는 전후에 수립된 베르사유 체제가 2차세계대전의 씨앗을 품고 있었으며, 태생부터 실패를 예정한 체제였다는 기존의 일반적 역사 해석에서 좀더 균형 잡힌 평가를 시도한다. 저자는 독일의 서쪽 국경선은 궁극적으로 안정되었고, 독일 동쪽에 새로 탄생한 국가들 역시 국경선 변동과 함께 얼마간 부침을 겪긴 했지만 베르사유 체제에서 결정된 기본 틀은 유지했다는 사실에 주목한다.

개인적으로 역자는 1차대전 문학과 역사에 관심이 커서 국내외를 가리지 않고 관련 도서를 제법 많이 읽어온 편이다. 마침 지난해는 전쟁 발발 100주년이라 해외에서는 주목할 만한 저작들이 다수 출간되기도 했다. 그러다보니 정보의 홍수 속에서 지엽적인 부분에 매몰되어 전쟁에 대한 큰 그림을 놓치기 쉬운 듯하다. 그런 점에서 1차대전에 대한 큰 그림을 이렇게 명쾌하게 그려낸 책도 찾기 힘들 것 같다. 본서는 입문자에게는 물론이거니와 이미 1차대전에 대한 지식이 어느 정도 쌓인 독자 모두에게도 훌륭한 길잡이가 되어줄 것이다.

참고할 도서

관련 문헌이 차고 넘치는 영어권과 달리 국내의 1차대전 관련서는 안타

까울 정도로 빈약하다. 따라서 직접적으로 1차대전을 다룬 소수의 책 외에도 전쟁 전 유럽의 정세와 국제 관계, 문화 등을 다룬 책들도 국내 도서를 중심으로 함께 소개한다.

강대국 간의 경쟁 관계에 논의가 쏠리면서 정작 전쟁 발발의 직접적 계기가 된 발칸 문제의 중요성은 상대적으로 과소평가된 면이 있다. 소수민족이 뒤섞인 발칸의 복잡한 역사에 관해서는 마크 마조워의 『발칸의 역사』(이순호 옮김, 을유문화사)를 참조하기 바란다. 사라예보 암살 사건은 암살범 프린치프의 짧은 일생을 다룬 헨리크 레르의 그래픽노블 『가브릴로 프린치프』(오숙은 옮김, 문학동네)가 도움이 된다.

1차대전 전의 유럽은 나폴레옹 전쟁의 결과로 탄생한 빈 체제하에 있었였다. 이 체제 안에서 열강은 세력균형의 원칙에 따라 국경선과 이해관계를 조정하고 갈등을 해소해왔다. 나폴레옹 전쟁 이후 100년 만에 다시 유럽의 열강이 모두 참전한 1차대전은 이 유럽 국가 체제가 작동 불능 상태에 빠진 탓이다. 로이 브리지와 로저 불렌의 공저 『새유럽 외교사 1』(이상철 옮김, 까치)은 유럽 국가 체제의 성립과 작동 원리, 붕괴 과정을 외교사의 관점에서 서술한다. 특히 독일 제국의 성립부터 각국의 참전 결정까지를 다룬 후반부(5~8장)가 1차대전에 대한 이해에 도움이 될 듯하다.

전쟁이 끝난 직후부터 뜨거운 논쟁거리였고 지금도 몇몇 쟁점을 둘러싸고 논쟁이 계속되는 1차대전의 기원을 이해하는 데는 최근에 나온 박상

섭의 연구서 『1차 세계대전의 기원』(아카넷)이 유용하다. 이 책은 열강의 패권 경쟁이 격화되는 과정과 전쟁 직전 각국의 정세를 중점적으로 설명한다. 바바라 터크먼의 『8월의 포성』(이원근 옮김, 평민사)은 역시 전쟁 직전의 국제 관계로 본 1차대전의 기원과 더불어 1914년 말까지 전쟁 초반의 전황을 다룬 대중적 역사서의 훌륭한 전범이다. 터크먼의 또다른 저작 『세계 역사를 바꾼 짐머만의 전보』(김인성 옮김, 평민사)는 침머만 전보 사건과 미국의 참전 계기만을 다룬다.

국내에 소개된 1차대전 개설서는 존 키건의 『1차세계대전사』(조행복 옮김, 청어람미디어)와 피터 심킨스 외 2인의 『제1차 세계대전』(강민수 옮김, 플래닛미디어), 매튜 휴즈와 윌리엄 J. 필포트의 『제1차 세계대전』(정상협 · 나종남 옮김, 생각의나무)이 있다. 키건의 책은 전쟁의 원인부터 발발, 전개 과정, 종결까지 연대순으로 다룬 일반적 통사로, 군사적 상황과 각국의 사회, 경제 등 1차대전을 종합적으로 살펴보기에 유용하다. 심킨스 외 2인의 공저는 동부전선, 서부전선, 살로니카 전선, 중동전선 등 전역별로 전황을 상세히 설명한다. 휴즈와 필포트의 공저는 50장의 지도를 중심으로 전황과 군사 기술, 전략, 외교 사안 등의 쟁점을 압축적으로 설명한다.

이외에 전쟁사 서술의 기념비적 저작인 존 키건의 『전쟁의 얼굴』의 제4장 '솜, 1916년 7월 1일'은 솜 전투만을 집중적으로 묘사한다. 존 엘리스의 『참호에 갇힌 제1차 세계대전』(정병선 옮김, 마티)은 1차대전의 특징이었던 서부전선 참호전의 실상을 풍부한 사례와 함께 병사들의 관점에서 서술한다. 나온 지 오래된 책이지만 여전히 유용한 정보가 많다.

1차대전의 전후 처리 과정과 베르사유 체제의 수립을 종합적으로 다룬 책은 아직 국내에 나오지 않은 듯하다. 당분간은 1차대전 당시 중동전선의 전황과 중동 지역의 전후 처리 과정만을 다룬 데이비드 프롬킨의 『현대 중동의 탄생』(이순호 옮김, 갈라파고스)에 만족해야 할 것 같다.

조지 L. 모스의 『전사자 숭배』(오윤성 옮김, 문학동네)는 전쟁의 여파 중에서도 문화적 측면에 주목하여 1차대전의 전사자들이 전후 정치와 국가주의에 전유된 현상을 주로 독일의 사례를 중심으로 영국의 사례도 참고하여 해석한다. 모드리스 엑스타인스의 『봄의 제전』(최파일 옮김, 글항아리, 근간)은 유럽 각국의 국민들로 하여금 사상 초유의 총력전을 4년 반 동안이나 이끌어갈 수 있게 했던 전전의 문화적 배경과 의식 세계, 그리고 전쟁으로 탄생한 전후 문화를 고찰한다.

1차대전에 대한 이해는 1차대전의 역사 자체뿐 아니라 그 전쟁에서 싸운 사람들이 전쟁을 어떻게 바라봤는지를 이해할 때, 그들의 의식과 감수성을 이해할 때만 가능하다. 하지만 참전 군인들의 목소리가 담긴 전쟁 문학과 전후 문학 역시 국내에는 거의 소개되지 않았다. 전후의 감수성을 대변하는 헤밍웨이의 작품 『무기여 잘 있거라』에는 이탈리아 전선이 배경으로 등장할 뿐이다. 헤밍웨이는 익히 알려져 있으므로, 전쟁 내내 서부전선에서 복무한 작가의 회상록인 에른스트 윙거의 『강철 폭풍 속에서』(노선정 옮김, 뿌리와이파리)를 대신 추천한다. 이 책은 세계적으로 유명한 전후 문학인 레마르크의 『서부전선 이상 없다』와는 사뭇 다른 관점을 제공한다. 전쟁중에 쓰인 반전 문학인 앙리 바르뷔스의 『포화』는 1960년대에 국내에 번역, 소개되었지만 현재 시중에서 구하기 힘들다. 시에 관심이 있는 독자에게는 종전 일주일을 앞두고 전사한 전쟁 시인 윌프레드 오웬의 『오웬 전집』(이상섭 옮김, 혜원)을 추천한다.

도판 목록

지도 목록

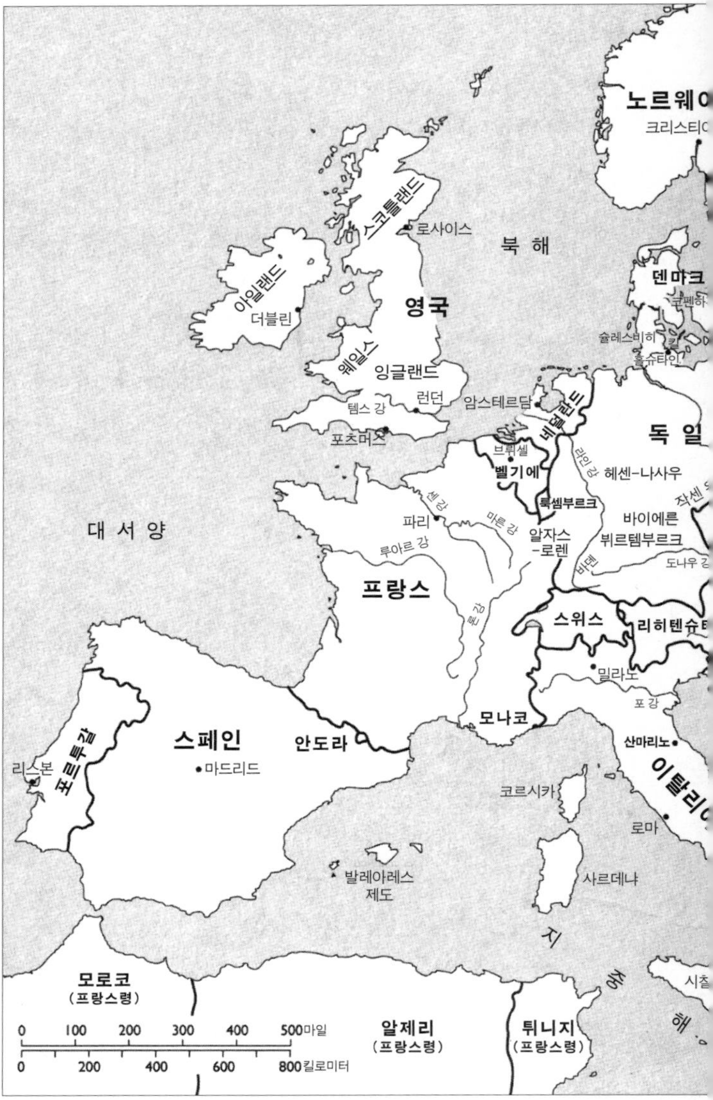
스코틀랜드
로사이스
북 해
아일랜드
더블린
영국
웨일스
잉글랜드
런던
템스 강
포츠머스
덴마크
암스테르담
네덜란드
브뤼셀
벨기에
라인 강
헤센-나사우
룩셈부르크
센 강
파리
마른 강
알자스
-로렌
바이에른
뷔르템부르크
바덴
대 서 양
루아르 강
프랑스
론 강
스위스
밀라노
포 강
모나코
안도라
스페인
마드리드
포르투갈
리스본
산마리노
코르시카
로마
발레아레스
제도
사르데냐
지
중
해
모로코
(프랑스령)
알제리
(프랑스령)
튀니지
(프랑스령)
0 100 200 300 400 500마일
0 200 400 600 800킬로미터

1. 대전 전의 유럽

헬싱키
상트페테르부르크
스톡홀름
에스토니아
라트비아
리가
발트 해
모스크바
드비나 강
리투아니아
러 시 아
네멘 강
빌나
단치히
타넨베르크
바르샤바
브레스트-리토프스크
비스와 강
폴란드
키예프
오데 강
드네프르 강
모라비아
드네스트르 강
빈
합스부르크 제국
부다페스트
오데사
몰다비아
크림 반도
헝가리
트란실바니아
루마니아
보스니아
베오그라드
왈라키아
부쿠레슈티
사라예보
도나우 강
흑 해
헤르체고비나
세르비아
몬테네그로
불가리아
소피아
알바니아
티라나
콘스탄티노플
오스만 제국
그리스
에게 해
아테네
크레타 섬
로도스 섬
키프로스 섬
(영국령)

노르웨이
북 해
스코틀랜드
북아일랜드
아일랜드 자유국
더블린
그레이트브리튼과 북아일랜드 연합왕국
덴마크
웨일스
잉글랜드
런던
템스 강
암스테르담
네덜란드
브뤼셀
벨기에
독 일
대 서 양
라인 강
룩셈부르크
센 강
파리
바이에른
루아르 강
도나우 강
프랑스
리히텐슈타인
스위스
론 강
밀라노
포 강
안도라
산마리노
마드리드
포르투갈
리스본
스페인
코르시카
로마
발레아레스 제도
사르데냐
지 중 해
모로코 (프랑스령)
알제리 (프랑스령)
튀니지 (프랑스령)
0 100 200 300 400 500마일
0 200 400 600 800킬로미터

2. 대전 후의 유럽

핀란드
헬싱키
레닌그라드
스톡홀름
탈린
에스토니아
고틀란드
리가
라트비아
발트 해
모스크바
드비나 강
리투아니아
소비에트
사회주의
공화국
연방
빌뉴스
단치히
동프로이센
네멘 강
비스와 강
바르샤바
오더 강
드네프르 강
드네스트르 강
체코슬로바키아
빈
부다페스트
오데사
헝가리
루마니아
베오그라드
부쿠레슈티
도나우 강
흑 해
유고슬라비아
불가리아
소피아
이스탄불
티라나
알바니아
마케도니아
터키
그리스
에게 해
아테네
크레타 섬
로도스 섬
키프로스 섬
(영국령)

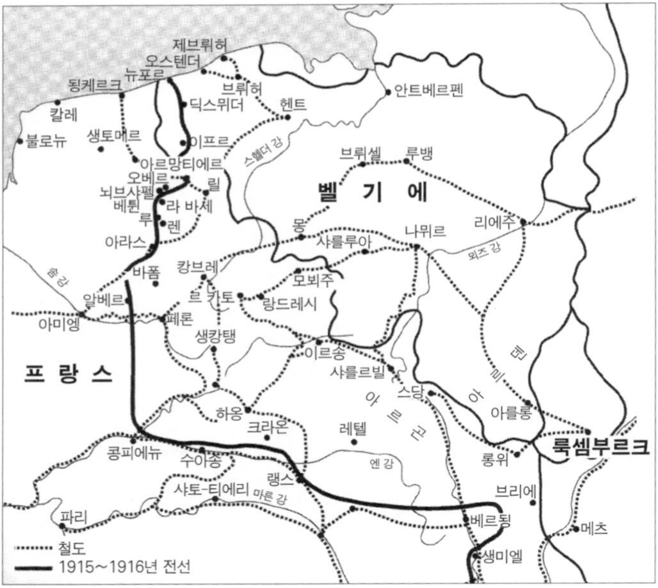
제브뤼허
오스텐더
뉴포르
됭케르크
브뤼허
칼레
딕스뮈더
헨트
안트베르펜
불로뉴
생토메르
이프르
스헬더 강
브뤼셀
루뱅
아르망티에르
오베르
릴
뇌브샤펠
베튄
라 바세
벨 기 에
루
렌
몽
리에주
나뮈르
아라스
샤를루아
뫼즈 강
솜 강
바폼
캉브레
모뵈주
알베르
르 카토
랑드레시
아미엥
페론
생캉탱
이르송
프 랑 스
샤를르빌
아 르 곤
스당
아를롱
하옹
크라온
레텔
콩피에뉴
룩셈부르크
수아송
엔 강
롱위
랭스
샤토-티에리
마른 강
브리에
파리
베르됭
메츠
생미엘
철도
1915~1916년 전선

3. 서부전선

해발 1,000미터 이상
리투아니아
쿠를란트
빌나
민스크
쾨니히스베르크
단치히
동프로이센
서프로이센
타넨베르크
나레프 강
드네프르 강
포젠
폴란드
바르샤바
브레스트-리토프스크
프 리 페 트 늪 지 대
우지
비스와 강
슐레지엔
키예프
브레슬라우
오더 강
갈리치아
타르노프
프셰미실
크라쿠프
고를리체
렘베르크
합스부르크 제국
카 르 파 티 아 산 맥
드네스트르 강
부그 강

4. 동부전선

해발 1,000미터 이상
브라티슬라바
빈
도나우강
합스부르크 제국
부다페스트
카르파티아 산맥
루마니아
프루트강
브라소프
시비우
사바강
보스니아-
헤르체고비나
드리나강
부다페스트
세르비아
체르나보다
부쿠레슈티
도나우강
콘스탄차
바르나
사라예보
모라바강
니시
불가리아
브라냐
몬테네그로
스타라 자고라
소피아
플로브디브
카타로
스코피에
드린강
우스쿠브
스트루마강
콘스탄티노플
두라초
티라나
알바니아
비톨라
그리스
터키
살로니카
갈리폴리

5. 발칸 반도

해발 1,000미터 이상
뮌헨
독일
도나우 강
빈
스위스
브레네르 고개
합스부르크 제국
남 티롤
타르비스
클라겐푸르트
비토리오
이손초 강
트렌티노
베네토
우디네
카포레토
슬로베니아
그라파 산
그라디스카
고리치아
비첸차
피아베 강
트리에스테
몬테 네보소
포 강
베네치아
이스트리아
피우메
이탈리아
폴라
크로아티아
슬라보니아
피렌체
차라
달마티아
세베니코
사라예보

6. 이탈리아 북부

흑 해
아드리아노플
콘스탄티노플
마르마라 해
다르다넬스
앙카라
아나톨리아
시바스
스미르나
에게 해
코니아
타우루스 산맥
킬리키아
아다나
안탈리아
메르시나
알렉산드레타
시리아
키프로스
(영국령)
하마
홈스
베이루트
다마스쿠스
아크레
하이파
팔레스타인
가자
예루살렘
알렉산드리아
시나이 사막
카이로
아카바
해발 2,000미터 이상
1914년 국경선
철도

7. 오스만 투르크 제국

러시아
캅카스 산맥
포티
바툼
트빌리시
카스피 해
카르스
예레반
아르메니아
사마라
쿠르디스탄
페르시아
모술
티그리스 강
메소포타미아
사마라
바그다드
쿠트알아마라
바스라
페르시아 만

제1차세계대전

THE FIRST WORLD WAR

1판 1쇄 발행 2015년 10월 26일
1판 6쇄 발행 2023년 5월 1일

지은이 마이클 하워드
옮긴이 최파일

편집 최연희 박기효 김윤하
디자인 강혜림
저작권 박지영 형소진 서연주 오서영
마케팅 김선진 배희주
브랜딩 함유지 함근아 김희숙 고보미
박민재 정승민 배진성
제작 강신은 김동욱 임현식
제작처 한영문화사(인쇄) 한영제책사(제본)

펴낸곳 (주)교유당 **펴낸이** 신정민
출판등록 2019년 5월 24일
제406-2019-000052호
주소 10881 경기도 파주시 회동길 210
전자우편 gyoyudang@munhak.com
문의전화 031) 955-8891(마케팅)
031) 955-2680(편집)
031) 955-8855(팩스)

페이스북 @gyoyubooks
트위터 @gyoyu_books **인스타그램** @gyoyu_books

ISBN 978-89-546-3812-8 03900